이 책은 삶의 의미와 목적, 진리와 참된 현실을 찾아 나서라고 촉구하는 목소리이며 동시에 구도의 길에 나선 사람에게 걸어갈 길을 명료하게 보여 주는 안내서다. 총 네 단계를 말하지만 구도자의 길이 그렇게 단순하지 않음도 함께 강조한다. 방해물의 존재, 질문의 중요성, 상상력의 역할, 이성의 기능, 세계관과 인생관의 필요성, 증거의 탐색과 숙고, 진리를 향한 열정과 헌신, 용기와 결단, 어느 요소 하나 빠뜨리지 않고 우리의 주의를 요하는 것들을 세심하게 짚어 준다. 자신의 경험과 앞선 여러 저자들의 지혜를 적절하게 끌어들여 참된 의미와 궁극적인 현실을 찾아가는 사람에게 오스 기니스는 신뢰할 수 있는 안내자가 되어 준다. 자신이 구도자가 되어 삶의 의미를 추구하고 싶은 분, 이 길 어귀에서 서성거리는 이들을 돕고 싶은 분, 구도의 길이 무엇이며, 어떤 단계를 밟아 가고, 무엇이 각 단계마다 중요하게 개입되는지 자세하게 관찰하고 싶은 분 모두에게 유익한 책이다.

강영안 | 한동대학교 석좌교수

오스 기니스의 책은 반드시 읽어야 한다. 그 이유는 이미 그가 펴낸 책들을 통해서 충분히 입증되었다. 오늘을 살아가는 사람들이라면 문화를 읽어 내는 그의 탁월하고 예리한 통찰력의 도움을 받아야 한다. 이 책은 오늘날 삶의 의미를 찾지 못하거나 삶에 대한 성찰 없이 살아가는 현대인들에 대한 진지한 고민에서 시작되었다. 오스 기니스는 삶이 얼마나 경이롭고 가치 있고 누릴 만한 것인지 설득력 있게 답을 제시한다. 삶에 대한 관조와 사색을 통해 삶의 의미를 더 깊이 탐색할 수 있도록 도우려는 간절한 마음이 그가 쓴 다른 어떤 책에서보다 더 절실하게 다가온다.

이규현 | 수영로교회 담임목사

이 책은 우리를 둘러싼 세계관들을 해석하는 데 인상적인 방법을 제시한다. 우리 모두는 개개인의 안경으로 이 세상을 해석한다. 그런데 많은 이들이 영혼의 존재가 없는 유한한 육체만으로 살아가는 일원론적 세계관으로 이 세상을 바라보지만, 동시에 소중한 존재의 비보에 영혼의 안위를 바라거나 사랑 같은 비물질적 가치에 기대는 등 스스로 인지하지 못한 채로 자신들의 세계관에 반하는 행위를 하곤 한다. 또한 그 반대의 경우도 있다. 이는 사람들이 쓰고 있는 안경의 색이 명확하지 않다는 사실을 보여 준다. 실은 나도 그렇다. 오스 기니스가 제시하는 안경은 복잡하게 엉킨 내 안경의 색을 정리해 주었고, 이 과정을 통해 모순적인 나의 세계관을 돌아볼 수 있게 해 주었다.

지올 팍 | 뮤지션, '신드롬즈' 대표

나는
무엇을 위해
사는가

IVP(InterVarsity Press)는
캠퍼스와 세상 속의 하나님 나라 운동을 지향하는
IVF(InterVarsity Christian Fellowship)의 출판부로
생각하는 그리스도인을 위한 문서 운동을 실천합니다.

Originally published by InterVarsity Press
as *The Great Quest* by Os Guinness
ⓒ 2022 by Os Guinness
Translated and printed by permission of InterVarsity Press,
P. O. Box 1400, Downers Grove, IL 60515, USA. www.ivpress.com

This Korean translation edition ⓒ 2024 by Korea InterVarsity Press
156-10 Donggyo-ro, Mapo-gu, Seoul 04031, Republic of Korea.

나는
무엇을 위해
사는가

THE
GREAT
QUEST
OS
GUINNESS

오스 기니스,
인생을
묻다

오스 기니스 지음 홍종락 옮김

Ivp

가장 선하시고 위대하신 하나님께
그리고 CJ에게.

---- ❖ ----

내 신앙과 의미의 추구에
가장 확실한 길잡이가 되어 준 빛나는 3인방
블레즈 파스칼, G. K. 체스터턴, C. S. 루이스를
감사의 마음으로 기념하며.

차례

1장
성찰하는 삶으로 초대하다   11

2장
직접 여정에 오르라   29

3장
논증 이상의 모험   40

4장
이 모두가 질문으로 시작된다   1단계—질문의 때   64

83	**5장** **여정의 시동 장치**
2단계—해답의 때 99	**6장** **천지 차이**
3단계—검증의 때 120	**7장** **확인해 보라**
4단계—결단의 때 140	**8장** **집으로 가는 길**
166	**인명 찾아보기**

1장

성찰하는 삶으로 초대하다

당신의 사고는 늘 의미를 파악하려 하는가? 당신의 마음은 질서와 소속감을 간절히 바라는가? 경이감에 젖어 세상의 아름다움과 존재의 신비로움에 전율한 적이 있는가? 아니면 당신은 이런 질문에 관심이 없는가? 성찰하는 삶을 추구할 마음이 있다면, 여기 그런 갈망을 탐색할 수 있는 확실한 길이 있다. 지금부터 함께 이런 질문과 그것이 불러일으키는 신앙과 의미의 추구에 대해 생각해 보자. 이 위대한 추구에 뒤따르는 보상은 바로 삶다운 삶이다.

"여론에 신경 쓰지 말고 스스로 사고하라." 타인의 시선에 집착하는 우리 시대에 새삼 요긴한 옛 격언이다. 삶의 의미 같은 이슈에 무관심한 사람이 많다. 그들의 관심은 대중적인 문제로 국한된다. 그들은 삶이 무엇인지 거의 생각해 본 적이 없고, 자신이 존재하는 이유도 전혀 궁금해하지 않는다. 굳이 캐물어 보면, 그들에게 중요한 것이라고는 자신이 건재하여 그날그날의 삶을 즐긴다는 것뿐이다. 변수가 많은 현대 세계에서 그것도 물론 나쁘지는 않다. 당면한 일만 처리하면서 삶을 최대한 누리는 게 상책이라는 것이다. 어차피 우리는 인류 역사상 가장 반종교적인 시대에 들어서고 있다. 그만큼 진지한 신앙과 의미를 자신과 무관하게 여기는 사람도 역대 최고로 많다. 먹고사는 문제가 해결된 마당에, 턱없이 거창한 질문인 **무엇을 위해** 살 것인가에 왜 신경 써야 하는가?

이렇게 유행하는 무관심의 전형으로 흔히 종교가 '무교'인 부류를 꼽는다. 거센 물결처럼 퇴각하는 그들의 신앙은 매슈 아널드의 시 "도버 해안"의 현대판과도 같다. 물론 무교인 사람들이 더는 믿지 않는다는 내용과 중요하게 믿어야 한다는 내용은 대개 거의 무가치하며 하등 중요해 보이지 않는다. 결국 그들은 좋은 게 좋다는 식의 허무주의를 똑똑한 척하는 허세로 포장할 때가 많다. 그중 다수가 쏟아내는 허튼소리조차도 플라톤만큼이나 박식하게 들릴 정도다. ("나는 신을 믿는 무신론자다"라고 엄숙히 선언한 사람이 있는가 하면, 짐짓 심오한 양 "우주에 궁극적 의미가 있다면 당신의 삶은 무의미하다"라는 똑같이 불합리한 추론을 백만의 트위터 팔로워에게 게시한 사람도 있다.)

대다수 시대의 대다수 사람에 비하면 현 세대에는 삶의 의미를 찾는 법에 무관심하다 못해 아예 무지한 사람이 많다. 관계를 지속하는 확실한 길만큼이나 이 주제도 혼돈 상태를 벗어나지 못하고 있다. 오늘날 많은 엘리트들이 삶의 의미라는 개념 자체를 무의미하다고 일축한다. 그 결과 추구의 길은 출입 금지인 채로 잡풀에 뒤덮여 점차 누구도 밟지 않는 땅이 되어 버렸다. 행여 누가 작정하고 군중을 벗어나 혼자서 길을 떠난다 해도, 갈피를 못 잡는 막연한 추구일 때가 많다. 각자 살 길을 찾아야 하는 문제인 것이다.

정말 우리 세대는 삶의 의미가 더는 궁금하지 않을 정도로 냉담한 것일까? 흔히들 삶이란 최선의 암중모색일 뿐 그 이상은 없다는 생각에 안주해 버리는데, 이것은 우리와 우리의 존재 의식에 대해 무엇을 말해 주는가? 우리는 왜 여기에 있는가? 우리가 알 수 있는 것은 무엇인가? 삶다운 삶이란 무엇인가? 우리가 살고 있는 이 우주와는 어떤 관계여야 하는가? 각종 상투어와 획일화된 사고에 만족해야 하는가? 높아지는 자살률을 보면 자신이라는 존재를 원하지 않는 사람이 너무도 많다는 사실을 알 수 있다. 현대 세계 전반의 출생률 붕괴도 차원만 다를 뿐 비슷한 질문을 야기한다. 어떻게 하면 인류가 자원하여 생육하고 존속할 수 있을까?

　하나님을 믿는 신앙이 인생의 필수 요소라는 말은 예로부터 검증된 진술로 통했다. 카를 구스타프 융도 인생의 궁극적 질문은 우리가 무한의 세계와 맞닿아 있는지 여부라고 말하곤 했다. 그러나 오늘의 문화 담론에서는 그 진술이 더는 자명해 보이지 않는다. 그것은 정말 시대에 뒤진 말일까? 오만하거나 순전히 터무니없는 말일까? 미국의 어느 유명한 라디오 진행자는 "분명한 사실은 인류가 살려면 종교가 죽어야 한다는 것입니다"라고 딱 잘라 말했다. 오늘날 많은 사람이 자신은 하나님을 원하지 않는다고 말한다. 하나님이 필요 없다는 이들도 있다. 요즘은 생물유전학과 인공지능으로 인간이 하나님을 대체할 수 있다는 말까지 나온다. 하나님 없이도 얼마든지 잘 지낼 수 있는데 이 말이 틀렸다고 할 사람이 누가 있겠냐는 것이다.

　삶의 의미를 보는 기본 관점에는 어떤 것들이 있을까? 우리 삶에서 궁극적으로 믿을 대상이 하나님이나 종교가 아니라 인간의 이성과 과학과 기술과 경영과 자연과 역사 등이라고 말하면, 우리의 사정이 더 나아질까 아니면 오히려 악화될까? "과학으로 밝혀낼 수 없는 것은 인간이 알 수 없다"라던 버트런드 러셀의 유명한 말에 당신도 동의하는가? 플라톤은 햇빛이 뚫고 들어올 수 없는 "동굴"을 말했고 피터 버거는 "창문 없는 세상"을 말했는데, 당신이 그런 데 산다 해도 괜찮겠는가? 삶과 우주의 모든 신비와 도전을 우리 인간끼리 어찌어찌 풀어내고 이 작고 푸른 별에서 더불어 잘 살 수 있다고 자신하는가?

사실 우리 시대에 시급히 필요한 것은 다시금 인간의 실존을 진지하게 대하고 궁극적 질문들에 새롭게 마음을 여는 것이다. 궁극적 질문들의 답은 우리 개개인에게만 아니라 사회와 문명 전체에도 반드시 필요하다. 위대한 사회나 문명치고 실제로 궁극적 질문들의 답이 확실하지 않은 데는 없다. 그런 답이 우리의 가정에는 물론이고 학교와 대학과 대중 담론에도 다시 필수가 되어야 한다. '사람'이 냉소로만 살 수는 없다. 행복하게 살려면 삶이 무엇인지 알아야만 한다. 그런데 지금은 인간의 현실과 이상 사이의 괴리가 위험할 정도로 벌어졌고, 우리는 C. S. 루이스가 경고했던 지배 세대에 더 가까워졌다. 지배 세대는 유전공학과 심리 조작을 통해 모든 미래 세대의 운명을 결정지을 수 있다. 미래 세대의 동의 없이 말이다.

그럼에도 많은 사람이 발전된 현대 세계에 속고 현혹되어 안일에 빠져 있다. 우리는 먹고살 것은 풍성해졌는데 위해서 살아야 할 것은 별로 없다. 스스로 지배하며 통제하고 있다는 착각으로도 모자라 아예 인간이 전능하다는 망상에 빠져 있다. 하인리히 하이네가 카를 마르크스를 비판했던 유명한 말처럼, 마치 "신 없이 스스로 신인 양" 살아가는 사람이 많다. 자기 힘으로 다 할 수 있다는 것이다. 하지만 전 세계를 휩쓴 팬데믹을 겪고도 정말 우리가 자신과 세상과 역사와 미래를 통제하고 있다고 믿을 수 있을까? 그것이 순진한 생각이나 심지어 자만심일 뿐 더는 통하지 않는다면 어찌할 것인가?

우리 모두에게 꼭 필요한 첫걸음은 삶의 의미를 탐색하는 것, 그리고 그에 맞게 다른 사람들과 더불어 잘 사는 법을 배우는 것이다. 그들의 인생관이 우리와는 사뭇 다를지라도 말이다.

당신은 삶을 어떻게 보는가?

물론 우리 모두의 추구는 삶 자체야말로 삶의 으뜸이자 가장 큰 선물이라는 단순한 진리에서부터 시작될 수도 있다. 하지만 우리 각자는 삶을 어떻게 보는가? 자신의 인생을 어떻게 보는가? 삶은 덧없고 부서지기 쉬우며 결국 죽음에 삼켜진다. 당신도 나도 언젠가는 죽는다. 죽음은 오늘 우리의 생각과 행동을 다분히 비웃는다. (소설가 필립 로스는 여든 살 되던 생일에 "삶의 의미란 곧 삶이 멎는다는 것이다"라는 프란츠 카프카의 말을 인용했다.) 인생이 짧고 그 끝에 죽음이 정해져 있다는 사실 자체에서 자연히 인간이 존재하는 의미에 대한 질문이 생겨난다. 삶의 의미란 무엇인가? 삶은 한 번뿐이며 연습 없이 딱 1회만 무대에 오르는 것인가, 아니면 '영겁의 회귀'로 돌고 돌아 끝없이 다시 태어나는 것(윤회)인가? 삶을 최대한 누리고 더불어 잘 살려면 삶을 어떻게 이해해야 할까?

왜라는 질문을 던지는 생명체는 인간뿐이다. 기억과 역사 속으로 시간을 거슬러 올라가고 상상과 비전을 통해 앞날을 내다볼 수 있는 존재는 우리뿐이다. 인간만큼 삶을 넓게 인식하거나 사안의 의미를 묻는 종도 없다. 그러니 삶이 우리에게 근본적인 질문을 제기하는 것은 당연한 일이다. 무엇의 의미든 그 의미를 알려면 전체의 거시적 의미 안에서만 가능하다. 우리는 무엇을 위해 살아 있는가? 주어진 삶을 어떻게 최대한 누릴 것인가? 각자의 삶을 누구에게 또는 무엇에게 책임져야 하는가? 삶을 가치 있게 잘 산다는 것은 무슨 뜻인가?

스스로 원해서 생겨난 사람은 당연히 아무도 없다. 부모를 우리가 고르지 않았고, 언제 어디서 태어날지도 우리가 선택하지 않았다. 그러니 내 인생은 내 것이라는 생각은 조금도 맞지 않는다. 게다가 삶의 관건이 오직 나라는 생각은 실로 터무니없고 적잖이 오만하기까지 하다. 나 말고도 동시에 수

십억의 사람이 살고 있을 뿐만 아니라 사실 때가 되면 나라는 존재는 여기서 사라지기 때문이다. 머잖은 그때에도 삶은 마치 내가 아예 존재하지 않았다는 듯이 계속될 것이다.

그렇다면 우리의 삶은 누구에게서 또는 무엇에서 났으며, 삶의 관건은 무엇인가? 삶의 기원은 부모인가, 사회인가, 자연인가, 진화인가, 우주인가, 하나님이나 신들—그런 것이 존재한다면—인가? 우리가 존재한다는 것은 무슨 의미인가? 삶이라는 선물에 어떻게 반응하거나 심지어 보답해야 하는가? 어떻게 하면 시간이라는 놀라운 선물을 최대한 활용하여, 나중에 내 인생을 최대한 선용했다는 것만이라도 알 수 있을까?

이 책은 이런 질문에 관심을 기울이는 이들을 위해 쓰였다. 우선 이런 이슈에 각기 다르게 반응한 세 사람의 이야기를 보자. 스페인의 화가 살바도르 달리는 작품 못지않게 실생활에서도 현란한 흥행사였다. 자신의 대외 이미지를 연출하기를 좋아한 그는 그림과 생활 방식으로 인습을 비웃고 대중의 예상을 보란 듯이 뒤집었다. 이런 반항 기질의 기저에는 그 자신의 삶이 있었다. 그는 아버지와 늘 불화했다. 한번은 부자간에 격한 충돌이 있은 후 청년 달리가 아버지 집을 뛰쳐나왔다. 자기 집으로 돌아간 그는 자위행위를 해서 편지 봉투에 정액을 넣고 봉투 겉면에 아버지 집 주소를 적었다.

그리고 마치 가스 요금이나 전기 요금을 납부하듯이 봉투에 "완불"이라고 썼다.

뉴욕의 어느 야심 찬 사업가의 세계는 사뭇 달랐다. 어찌나 바쁜지 그는 아내가 아들을 낳을 때도 병원에 갈 시간이 없었다. 그가 아기를 처음 본 때는 산모와 젖먹이가 퇴원한 후였다. 마침내 휴가를 내서 집에 온 그는 방 안쪽의 아기 침대로 가서 갓 태어난 아들을 내려다보았다. 그의 얼굴에 깜짝 놀라는 표정이 서렸다. 나중에 무엇에 놀랐느냐고 묻는 친구에게 그는 이렇게 답했다. "그런 아기 침대를 어떻게 겨우 29달러 50센트에 만들 수 있는지 모르겠단 말이야."

이 화가나 사업가와는 다른 예로 위대한 유대인 철학자 아브라함 요수아 헤셸을 능가할 사람은 드물 것이다. 폴란드 바르샤바에서 태어나 1930년대 히틀러 치하의 베를린에서 교육받은 그는 자신을 "불에서 꺼낸 그슬린 나무"(스가랴 3:2-옮긴이)라고 표현했다. 그는 폴란드가 침공당하기 불과 몇 주 전에 미국에 도착했는데, 어머니와 누이들을 비롯해 자신의 많은 가족이 아우슈비츠-비르케나우 수용소에서 목숨을 잃을 줄은 몰랐다. 남은 평생을 뉴욕에서 살면서 그는 위대한 유대교 지도자만 아니라 철학자와 학자, 마틴 루서 킹과 함께한 인권 운동가, 시인, 대중에게 널리 존경받는 지식인이 되었다. 생애 말기에 심장 발작으로 쓰러져 겨우 살아났을 때 그는 친구에게 이렇게 말했다. "의식이 돌아온 순간 제일 먼저 든 감정이 절망이나 분노가 아니더군. 내 인생의 매 순간을 돌아보며 하나님께 감사할 따름이었네.…'성공을 구하지 않고 경이를 구하는 제게 주님은 경이를 주셨나이다'라고 썼던 게(자신의 시집 서문에 그렇게 썼다-옮긴이) 바로 그런 뜻일세."

어느 쪽이 더 나쁠까? 부모에게서 생명을 받고도 지독히 배은망덕했던 달리일까, 아니면 생명의 기적일랑 알 바 없이 모든 것을 시장 경제의 이윤으로 환원시킨 그 비정한 사업가일까? 똑같이 이런 의문도 들 수 있다. 헤셸은 동유럽의 가족과 수많은 동포를 아우슈비츠에서 숙청으로 잃고 미국에서 인종 차별 등 각종 악과 맹렬히 싸우면서도 어떻게 여전히 경이를 지혜와 감사의 원천으로 볼 수 있었을까? 어떻게 자신의 삶이 은혜의 선물로 주어졌다고 믿고 경이만이 이에 합당한 반응이라고 여겼을까?

이 세 사람과 비교해서 우리의 반응은 어떤가? 당신은 자신이 삶을 어떻게 보는지 깊이 생각해 보았는가? 위와 같은 사례를 늘어놓자면 끝이 없다. 문제는 우리 각자가 삶을 어떻게 보느냐는 것이다. 삶을 최대한 누리며 지혜롭게 잘 살려고 지금 어떻게 애쓰고 있느냐는 것이다.

호기심을 잃어 질문하지 않는 우리

우리는 왜 여기에 있는가? 사실 많은 사람이 이 의문을 아예 품지 않는다. 그들은 자신이 존재하는 의미에 별로 관심이 없다. 삶과 시간을 당연시한다. 어쨌든 오늘도 어제처럼 숨 쉬고 먹고 일하고 자고 말하고 웃고 있지 않은가. 웬만한 사람에게 내일은 대체로 오늘의 반복이다. 그렇게 살기가 쉬운 이유는 대다수 사람이 자신과 자신의 존재를 그냥 받아들일 뿐, 주변의 인습과 생활 방식에 대해 결코 질문하지 않기 때문이다. 어른이 되면 어릴 때의 호기심을 잃어 질문도 멎는 경우가 너무 많다. 그래서 우리는 삶이 얼마나 신기한지 멈추어 경이에 젖는 법도 없다. 자신의 작은 삶만 아니라 해와 달과 별과 은하 등 온 우주의 존재 그리고 이슬방울과 민들레와 개 등 주변의 평범한 것들에 대한 경탄도 잃는다.

하지만 존재는 그 자체로 경이롭다. 멈추어 생각해 보면 오만 가지 의문이 꼬리를 잇는다. 왜 아무것도 없지 않고 무언가가 있는가? 무엇이 존재를 존재하게 했는가? 우리 각자는 왜 여기에 있으며, 무엇을 위해 있는가? 저절로 생겨난 게 아닐 텐데 왜 내 인생은 전적으로 내 권리라고 생각되는가? 대신 누구에게 책임져야 하는가? 주변 세상과 타인을 어떻게 대해야 하는가? 참과 거짓, 옳고 그름, 공정과 불공정을 어떻게 가를 것인가? 정말 덧없는 이 땅의 삶을 어떻게 최대한 누릴 것인가? 이 작은 삶이 전부인가, 아니면 그 후에 무언가가 있는가?

머잖아 알고 보면 당신에게 드는 의문은 예로부터 우리 인간이 늘 던진 질문이기도 하다. 단지 존재하며 그냥 살아 있는 상태는 삶과 온 우주에 깃든 의미와 목적과 가치와는 차원이 다르다. 만물의 이치는 어떻게 생겨났을까? 삶답게 산다는 것은 무슨 뜻인가? 우리 삶의 목적, 사랑, 우정, 일, 소속된 생활 공동체 등을 떠받칠 탄탄한 기초를 어떻게 찾을 것인가? 그리스의 위대한 철학자 소크라테스가 말한 성찰하는 삶—깊이 생각하고 책임지는 삶—은 중요한가? 일단 생각하기 시작하면 삶이 내놓는 답보다 불러일으키는 질문이 의외로 더 많다. 그런데 무슨 이유에서인지 우리는 대개 이런 질문에 신경 쓰지 않는다. 필요한 해답을 이미 다 안다는 듯이 말이다.

의미도 산소만큼이나 꼭 필요하다

그런 질문은 정말 중요할까, 아니면 철학자에게나 해당하는 것일까? 희한하게도 요즘은 진짜 철학자인데도 삶의 의미라는 개념 자체를 비하하는 사람이 많다. 어느 책에는 의미 추구가 신비주의자와 코미디언과 미치광이에게나 어울리는 일이라고 나온다. 런던의 한 택시 운전사가 저명한 수학자이자 철학자인 버트런드 러셀에게 삶의 의미를 물었다는 전설이 있다. ("어떻게 살라는 거요, 버티?") 당대 최고의 철학자는 당황했다. **답변이 정확하려면 질문부터 정확해야 한다.** 철학자들이 으레 고상한 척하며 답하는 말이다. 질문 자체를 꼼꼼히 따지고 나서야 제대로 답할 수 있다는 것이다. 러셀은 철학자치고는 무성의하게 "우주는 그냥 있는 겁니다. 그뿐이에요"라고 말하곤 했다.

코미디언들도 이 질문으로 농담을 즐긴다. 희극 극단 몬티 파이튼에게 삶이란 부조리다. 따라서 삶의 의미에 대한 질문은 미련한 것이며 답도 부조리다. 내 평생 가장 재미있었던 저녁 시간 중 하나는 우리 부부가 『은하수를 여행하는 히치하이커를 위한 안내서』의 저자 더글러스 애덤스와 함께 저녁 식사를 하던 때였다. 그 책에 나오는 컴퓨터인 "깊은 생각"은 삶의 의미를 알아내라는 명령을 받는다. 7백 5십만 년이 걸려 마침내 기계가 내놓은 답은 42였다. 그러자 세상은 원래 질문이 무엇이었는지 밝혀내기 위해 더 큰 컴퓨터를 제작해야 했다. 어떤 이들은 삶의 의미를 찾는 일이야말로 어쩌면 삶의 유일한 의미라고 말한다.

그런 경멸이 오늘날 지식인 세계에 흔할지 모르지만, 분명히 이는 영악하게 잔머리를 굴리는 우리 시대의 지극히 어리석은 태도다. 그런 미련함이 자꾸 헛발질을 낳는다. 삶을 당연시하는 것은 현대 세계 최악의 과오 중 하나며, 지금이야말로 그럴 여유가 가장 없는 때다. **호모 사피엔스**가 동물적 본능과 물리적 욕구 충족만으로 살 수 없음은 자명한 이치다. 동물의 욕구는 쉽게 충족되며, 인간의 식욕이나 수면욕 같은 동물적 욕구도 비교적 쉽게 채워진다. 그러나 인간에게는 더 깊은 욕구가 있다. 예컨대 사랑하고 사랑받으려는 욕구는 의미를 통해서만 충족될 수 있다. '나는 꼭 필요한 존재인가?' 이 물음은 '나는 누구인가?', '우리 모두는 무엇을 위해 여기에 있는가?', '삶의 관건은 무엇인가?' 등에서 빼놓을 수 없는 요소다.

의미 추구가 미친 짓이라면 다음 중 어느 쪽이 더 미쳤을까? 날마다 의미를 전제하고 믿고 그 근원을 추구하여 어쩌면 찾아내는 쪽일까, 아니면 그런 추구 자체를 미친 짓으로 일축하고 전혀 무의미한 삶에 안주하는 쪽일까? 실제로 인간은 의미를 갈구한다. 우리에게 의미란 공기를 들이마시고 땅 위를 다니는 것만큼이나 자연스럽다. 우리의 모든 말과 행동과 계획이 (지금 당신이 읽고 있는 모든 문장처럼) "의미, 의미, 의미!"를 부르짖는다. 의미가 없다면 매 순간의 일상생활은 물론이고 우리네 인생 전체가 더없이 하찮고 쓸모없고 허망해진다.

우리의 일상생활에 억누를 수 없는 의미가 가득한데도, 정말 오늘의 지식인들은 인생이나 우주에 의미가 있든 없든 상관없다고 생각할 수 있을까? 어떻게 그런 말이 가능할까? 교만하지 않고서야 어떻게 자신들에게 보이지 않는 것은 존재할 수 없으며 따라서 아무도 그것을 찾아낼 수 없다고 결론지을 수 있을까? 우리라는 **존재**가 무의미하다면 우리의 **말**이나 **행동**이 유의미할 까닭은 또 무엇인가? 모든 인생이란 그저 엉뚱한 벽에 사다리를 대놓고 끊임없이 올라가는 것인가? 톨스토이의 작중 인물인 이반 일리치처럼 "내 인생이 다 잘못됐다면 어떡하지?"라고 물어야 할 사람이 얼마나 많을까? 소설가 필립 로스는 자신의 삶이 파탄 났을 때 "내 삶은 내가 풀 수 없는 문제다"라고 주문처럼 되뇌었다는데, 그 사무친 절규에 우리는 어떻게 답할 것인가?

살아야 할 이유

사실 인간은 호흡과 음식과 물 없이 살 수 없듯 의미 없이도 살 수 없다. 의미를 찾으려는 의지는 곧 삶의 의지와도 같고, 인간다운 인간이 되려면 두 가지 다 필요하다. 우리 모두는 삶의 의미를 찾고 세상에서 안정을 이루어야 한다. 거기서 각자의 인생 이야기가 생겨난다. **의미와 안정과 이야기**, 이 셋이 없으면 허무감이 심각한 문제가 되어 자살도 불사할 수 있는 것이 인간이다.

니체는 『우상의 황혼』에 "살아야 할 이유가 있는 사람은 못 견딜 일이 거의 없다"라고 썼다. 먼저 이유가 있어야 한다. 본능적으로 인간은 무의미를 용납할 수 없을 뿐만 아니라 견딜 수조차 없다. 끔찍한 악의 이유를 찾을 수 없던 아우슈비츠의 어둡고 암울한 밤에 정신과 의사 빅터 프랭클은 생존하려면 한 줄기 가녀린 의미나마 반드시 필요함을 깨달았다. 삶이 지옥이라서 죽음만이 도피처처럼 보일 때 동료 수감자들은 그것이 없어서 삶의 의욕을 잃었다. 털끝만큼의 의미조차 없어 이불 속에서 죽어 나갔다. 자리에 누워 포기한 채 숨이 끊긴 것이다. 이 중요한 통찰이 나중에 프랭클의 명저 『죽음의 수용소에서』와 『무의식의 신』의 골자를 이루었다.

알베르 카뮈도 『시지프 신화』의 유명한 서두에 비슷하게 썼다. "참으로 진지한 철학 문제는 하나뿐이니 곧 자살이다. 삶의 가치 여부에 대한 판단이 곧 철학의 근본적 물음에 대한 답이다." 이 말은 모든 인간이 자살을 고려해야 한다는 뜻이 아니라 삶을 견딜 수 없을 때 가장 깊은 '이유'와 가장 질긴 '당위성'만이 삶을 포기하지 않게 해 준다는 것이다. 삶의 의지와 이유(또는 의미)는 불가분의 관계다.

상아탑의 경멸이나 코미디언의 비웃음에 구애받지 말라. 삶의 의미는 철학자에게 맡겨 두거나 한 번의 웃음으로 넘기기에는 너무나 중대사다. 우리는 실재의 실재성을 어떻게 보는가? 왜 인간의 존엄성을 존중하며, 전혀 평등해 보이지 않는데도 인간의 가치가 평등하다고 생각하는가? 무엇에 근거하여 우리의 정체성과 목적의식을 정립하고, 옳고 그름과 사랑을 이해하는가? 어떻게 행복을 추구하는가? 성공한 인간은 어떤 모습인가? 왜 이웃과 '타인'을 돌보아야 하는가? 인생이 짧고 그 끝에 죽음이 정해져 있다는 사실은 우리가 살아가는 방식에 어떤 의미가 있는가? 이런 질문은 중요하며, 삶 전반의 기본 의미를 모르고는 거기에 하나도 답할 수 없다. 이름과 정체성만큼이나 의미도 우리에게 꼭 필요하다.

그렇다고 우리 각자가 완전히 무에서부터 시작하여 이런 질문을 혼자서 숙고해야 한다는 말은 아니다. 그것은 지루하고 불가능하다. 혼자서 할 필요도 없다. 수많은 사상가가 이미 같은 질문을 제기하고 씨름했기 때문에 우리는 진행 중인 대화 속에 들어가 각자의 결론에 도달하면 된다. 단, 혼자서는 아니어도 직접 숙고하기는 해야 한다. 그다음에 마음을 정해야 한다.

현대 세계는 부주의한 삶에 대한 사상 최대의 알리바이다. 그러나 "성찰하지 않는 삶은 살아갈 가치가 없다"라던 소크라테스의 도전은 아직도 건재하다. 그것이 신앙과 의미의 위대한 추구에 어떤 의미일지 지금부터 함께 살펴보자.

2장

직접 여정에 오르라

스위스의 유명한 정신과 의사 카를 구스타프 융은 평생의 관찰 끝에 "인간은 의미 없는 삶을 견딜 수 없다"라고 결론지었다. 인류학자 클리퍼드 기어츠의 생각도 같았다. "경험의 의미를 도출하여 형태와 질서를 부여하려는 욕구는 분명히 생물학적 욕구만큼이나 생생하고 절실하다." 그렇다면 여기서 큰 의문이 생겨난다. 의미와 목적이 우리에게 그토록 중요하다면, 왜 그것을 추구하는 데 전혀 무관심한 사람이 이리도 많은가? 소크라테스의 말이 틀렸을까? 성찰하지 않는 삶이 성찰하는 삶보다 훨씬 쉽다. 어쩌면 성찰하는 삶이라는 개념 자체가 필수품보다는 부질없는 사치품인지도 모른다. 성찰한들 우리의 실제 생활 방식이 달라질까?

많은 사람이 굳이 삶의 의미를 진지하게 생각하지 않아 결국 성찰하지 않는 삶에 이르는 데는 몇 가지 큰 이유가 있다. 그중 세 가지 주된 이유를 지적하려고 한다. 무의식중에라도 바로 이런 이유 때문에 당신이나 친구들의 진지한 추구가 막힐 수 있다. 혹시 당신은 한때는 삶의 의미를 고민했으나 지금은 지적인 교통 체증에 갇혀 여정의 목적지에 도달하려는 희망을 다 버렸는지도 모른다.

대량 오락의 무기

성찰하는 삶의 흔한 장애물 하나는 17세기 프랑스의 수학자 블레즈 파스칼이 말한 **일탈**이다. 파스칼의 논지의 배경을 러시아의 소설가 레오 톨스토이가 예시했다. 자신을 끈질기게 괴롭히던 의문을 그는 『톨스토이 고백록』에서 이렇게 회고했다. "내 일생은 결국 어떻게 될까? 필연적 죽음이 닥쳐와도 내 삶에 무언가 소멸되지 않을 의미가 있을까?" 정말 생각한다면 우리도 다 톨스토이처럼 물을 수밖에 없지만, 우리는 이런 의문을 품지 않는다. 대신 파스칼의 말대로 인간은 만인의 여정 끝에 놓인 죽음이라는 궁극적 실재를 여간해서 직시하지 않는다. 자신의 필연적 죽음을 외면하는 것이다. 차라리 죽음을 생각하지 않으려고 우리는 온갖 일탈에 파묻히는데, 이런 바쁘고 즐거운 기분 전환이야말로 "대량 오락의 무기"로 지칭되어 왔다.

파스칼이 예증한 일탈 개념은 17세기 도박사와 게으른 부자의 세계에 해당하지만, 오히려 우리 시대에 더 잘 어울린다. 온갖 앱이 깔려 있는 각종 기기를 생각해 보라. 끝없는 정보와 오락과 기분 전환을 약속하는 인터넷도 있다. 문제점이 보이는가? 스마트폰과 컴퓨터와 텔레비전이라는 3대 스크린에 밤낮없이 매여 사는 이들은 좀처럼 눈을 들어 더 높은 차원을 생각하지 않는다. 비디오 게임 같은 일탈로 소일하는 이들이 삶의 폭을 넓혀 바깥세상의 문제에 관심을 쏟기란 요원하다. 우리 현대인은 일탈에 둘러싸인 정도가 아니라 거기에 매혹되어 있어 그 너머는 거의 안중에 없다.

나중에, 나중에, 나중에

성찰하는 삶을 추구하지 못하게 막는 또 다른 큰 걸림돌은 이른바 **협상**이다. 잘 살려면 삶의 의미가 중요하다는 것을 물론 우리도 분명히 안다. 조만간 모두에게 죽음이 찾아올 것과 깊이 생각해야 한다는 것도 당연히 안다. 그러나 우리의 대응에서 중심 단어는 언제나 **나중**이다. 이 문제일랑 나중에 처리하겠다는 것이다. 실제로 우리는 시간이 나면—졸업하면, 일자리가 더 안정되면, 자녀를 다 키우면, 융자금을 완불하면, 은퇴하여 앉아서 생각할 만한 여유가 생기면—꼭 그렇게 하리라 다짐까지 한다. "나중에, 나중에, 나중에." 우리가 삶의 핵심 질문들을 뒤로 미루며 하는 말이다. 나중 일이라는 것이다.

하지만 죽음이 우리 모두를 찾아와 결국 더는 미룰 수 없는 날이 온다. 그때가 다가오면 오히려 파우스트의 욕심이 발동한다. 우리도 악마와 협상하여 시간, 지식, 권력, 돈, 명예, 성(性) 등 무엇이든 여태 욕심내던 그것을 조금만 더 얻어 내고 싶어진다. 문제는 크리스토퍼 말로와 괴테가 그려 낸 파우스트 이야기에서 보듯이, 악마는 계약서를 구석구석 다 읽었지만 파우스트는 그러지 않았다는 것이다. 그래서 결국은 늘 끝이 찾아온다. 더는 나중이 없을 그날이 온다. 나사렛 예수가 어느 이야기 중에 직설적으로 말했듯이 그날 하나님은 "어리석은 자여, 오늘 밤에 네 영혼을 도로 찾으리니"(누가복음 12:20-옮긴이)라고 말씀하신다.

늦지 않게 숙고해서 그에 맞게 삶을 최대한 누리는 편이 훨씬 낫다. 지혜로운 사람은 잘 살기 위해 삶의 의미를 숙고한다. 삶의 의미를 추구하려면 성찰할 뿐 아니라 때를 놓치지 말아야 한다.

모든 소리를 삼켜 버리는 지독한 소음

성찰하는 삶의 세 번째 흔한 장애물은 우리 내면과 과거로부터 오는 **소음과 방해**다. 사회의 관점이나 현재 살아 있는 다른 사람들의 관점에서 보면 우리는 다 평범하다. 동시대를 살아가는 수십억 인구 중 하나라고 뭉뚱그려서 보면 어찌 평범하지 않겠는가. 그러나 자기 내면의 관점에서 보면 누구나 다 대체 불가의 독특하고 소중한 존재다. 그러다 보니 개인적 경험(희망과 심리 문제까지도)이 종종 너무 부풀려져서 삶에 대한 우리의 반응을 우리도 모르게 뒤틀어 놓는다.

예컨대 얼마 전에 내가 만난 청년은 두려움이나 분노 때문에 진전이 없어 의미 추구를 그만두었다고 말했다. 본인은 미처 연결시키지 못했으나 이야기를 더 들어 보니 방해의 원인이 훤히 보였다. 성장기에 그의 가정은 학대로 망가졌다. 폭력을 일삼고 어머니를 구타하던 아버지가 그의 삶을 지배했다. 그것이 어찌나 무서웠던지 그는 학교 교장, 직장 상사, 아내, 혹시 존재할지도 모르는 하나님 등 권위라면 거의 무엇에든 격한 반응을 보였다. 그가 아는 권위란 고압적인 것이므로 그에게는 권위 자체가 부조리였다. 어떤 종류의 권위든 옛 상처를 들쑤셨다. 자신의 자유와 안전을 해친다는 이유로 그는 모든 외부 사상에 반감을 품었다. 과거의 경험이 무거운 족쇄처럼 그의 발을 묶어 앞으로 나아가지 못하게 했던 것이다. 처음부터 웬만한 문은 다 닫혀 있으니 그의 여정은 대부분 시작도 하기 전에 자꾸 중단되었다. 아버지의 망령이 그의 추구를 막는 소음과 방해였다. 그는 첫발을 떼는 데만도 치유가 필요했다.

확신컨대 이런 문제가 있는 이들을 우리도 다 만나 보았다. 성찰하지 않는 삶의 완벽한 알리바이는 해결하지 못한 과거다. 사실 이 주된 세 가지 곧, 일탈, 협상, 소음과 방해와 기타 장애물이 얼마나 흔한지를 알면, 삶의 의미를 숙고하는 데 무관심한 사람이 왜 그렇게 많은지 이해가 된다.

당신은 성찰하는 삶에 대해 진지한가? 요즘은 삶과 타인을 향해 자신의 마음이 열려 있다고 자랑하는 사람이 많다. 어쩌면 대다수가 그렇다. 하지만 자신에게라도 마음을 참으로 열기란 말처럼 쉽지 않다. 신앙과 의미를 추구하려면 정직하게 마음을 열고 용기를 내야 한다. 진정으로 추구하는 사람이 그만큼 흔치 않다는 뜻이다. 하지만 진정으로 성찰하는 삶의 보상 또한 예사롭지 않다.

인생은 여정이다

이 작은 책은 그런 질문에 답해 보려는 한 사람의 시도다. 사고하는 사람이라면 어떻게 그런 질문에 합리적이고도 책임감 있게 답할 수 있는지를 기술하려고 했다. 철학을 전기(biography)로, 삶의 의미를 자기 삶의 지평으로 축소하는 것은 언제나 잘못이다. 그러나 의미 추구는 개인의 여정이며, 따라서 자신이 누구이고 자신의 삶이 어디쯤에 와 있는지를 알아야만 추구가 가능하다.

내가 이것을 **위대한 추구**(Great Quest, 이 책의 원서 제목이기도 하다-편집자)라고 칭한 이유는 삶을 최대한 풍성히 누리는 데 없어서는 안 될 추구이기 때문이다. 해답을 찾아내면 당신은 삶과 세상의 진가를 맛볼 열쇠, 매사에 의미와 목적과 만족을 얻을 열쇠를 쥐게 된다. 그러나 의미 추구를 무시하면 늘 어느 정도는 몽유병 환자처럼 살아가게 된다. 당신의 일생이 길든 짧든, 행복하든 불행하든 관계없이 말이다.

내 자신의 여정과 추구는 10대 후반과 20대 초반의 여러 해 동안 이루어졌다. 그때 나는 책을 폭넓게 읽었고 기회 있는 대로 대화를 즐겼다. 머잖아 동양 종교들은 내 질문의 해답에서 제외되었다. 어린 시절을 아시아에서 보낸 나는 그 종교들도 잘 알았다. 이제 내 추구는 무신론과 아브라함 계통의 3대 신앙으로 좁혀졌다. 그래서 프리드리히 니체, 장-폴 사르트르, 알베르 카뮈 같은 작가들의 책과 블레즈 파스칼, G. K. 체스터턴, C. S. 루이스 같은 작가들의 책을 함께 읽었다. 마침내 나 자신의 견고한 확신에 이르렀을 때도 이 여정을 글로 쓸 생각은 꿈에도 없었다. 그 생각이 든 것은 세월이 흘러 내가 워싱턴 D.C. 지역에서 뇌 검사를 받으러 병원에 갔을 때였다. 뇌종양이 의심되어 찾아갔으나 다행히 정상으로 밝혀졌다. 초기 수준의 MRI 기계에 들어가려는 내게 간호사가 물었다. "혹시 폐소공포증이 있나요?"

"아니요, 그런데 왜 물으시지요?"

"아, 이 기계 안에 들어가지 못하는 분들도 있거든요. 우리는 이것을 '관 기계'라고 부른답니다!"

둘 다 웃었지만, 기계 안에 들어가니 자꾸만 그 말이 생각났다. 꼭 관 속에 누운 기분이었다. 물에 빠진 이들은 일생이 눈앞에 주마등처럼 스쳐 간다던데, 마찬가지로 내 인생도 총천연색으로 마치 사열식처럼 내 앞을 지나갔다. 나는 중국에서 태어나 3개 대륙에 살며 세상을 주유했다. 윈스턴 처칠, 버트런드 러셀, 로널드 레이건 대통령 등 지난 세기의 가장 위대하고 비범한 인물들 중 일부를 만나는 특권도 누렸다. 그 밖에도 인습 타파에 힘쓴 저명한 언론인 맬컴 머거리지, 옥스퍼드의 무신론자 철학자 A. J. 에이어, 가장 유명한 아우슈비츠 생존자 엘리 위젤, 1마일 육상의 4분 벽을 깬 로저 배니스터, 에베레스트산을 최초로 등정한 에드먼드 힐러리, 자유 중국의 마지막 지도자 장제스 등을 만났다. 더 중요하게 이 추구와 관련해서도 수많은 이들을 만나 대화해 보았다. 각자 의미를 찾는 중인 이들도 있었고, 자신의 추구와 찾아다닌 과정을 회고하는 이들도 있었다.

"관"속에 눕던 그날, 인생이 여정으로 경험된다는 것이 문득 생생히 실감났다. 우리 인간의 의미 추구와 성찰하는 삶은 탐험이고 순례다. 의미를 향한 여정이고, 인생길 자체를 최대한 누리려면 피할 수 없는 추구다. 지구별에 살다 가는 우리네 인생을 **여정**으로 보는 은유는 거의 인류 보편에 가깝다. 거기에는 우리가 살아가는 세상과 시간을 최대한 잘 활용해야 한다는 의미가 담겨 있다.

"인생 여정의 중간쯤에서 나는 어두운 숲속에 들어와 있었다." 단테의 유명한 형이상학적 모험담인 『신곡』은 그렇게 시작된다. 히브리 성경의 출애굽기에서부터 호메로스의 『오디세이아』, 베르길리우스의 『아이네이스』, 제프리 초서의 『캔터베리 이야기』, 미겔 데 세르반테스의 『돈키호테』, 존 버니언의 『천로역정』, 마크 트웨인의 『허클베리 핀의 모험』, 조지프 콘래드의 『암흑의 핵심』, 헤르만 헤세의 『싯다르타』, 잭 케루악의 『길 위에서』에 이르기까지 여정이라는 주제는 끝없이 되풀이된다. 서구의 예만 그 정도다.

인생은 여정과 항해와 원정과 순례다. 각자의 긴 모험이다. 예외 없이 우리 모두는 여정의 시작과 끝의 중간 어디쯤을 지나는 중이다. 우리는 자신의 출생일을 고르지 않았고 죽을 날도 모른다. 스스로 원해서 생겨난 게 아니다. 그러나 좋든 싫든 지금 우리는 살아 있으며 시간을 역류할 수는 없다. 시간이 우리를 앞으로 떠밀기에 정체도 없다. 좋든 싫든 우리 삶의 여정은 이미 시작되었다. 피하거나 돌이킬 수 없는 이 인생길을 어떻게 최대한 누릴 것인지는 우리가 알아내기에 달려 있다. 인생철학은 전기를 뛰어넘지만, 만족스러운 철학의 뿌리는 우리 삶의 이야기인 전기와 늘 얽혀 있다.

소크라테스가 "성찰하지 않는 삶은 살아갈 가치가 없다"라는 명언을 남긴 때는 아테네 민주주의자들의 손에 처형당하기 직전이었다. 성경을 제외한 고전에서 가장 자주 인용되는 말 중 하나지만, 생각해 보면 인용에 머물 뿐 실천은 훨씬 적다. 그렇다면 이는 소크라테스의 말이 옳지만, 고등 교육을 받은 이들까지 포함하여 살아갈 가치가 없는 삶을 영위하는 사람이 많다는 뜻이다. 그들은 굳이 삶의 의미를 알고자 충분히 생각하거나 그런 데 차분히 관심을 둔 적이 없다. 우주의 본질, 자신의 정체성과 목적, 옳고 그름을 분간하는 기준, 인류에 대한 전망, 세상을 가장 잘 설명해 줄 세계관 등과 같은 중요한 질문을 성찰한 적도 없다.

당신은 삶을 성찰한 끝에 뜻을 정한 적이 있는가? 직접 숙고할 각오가 서 있는가? 당신의 신념은 정말 자신의 것인가, 아니면 자라면서 가족이나 친구나 사회로부터 그저 물려받은 개념인가? 나는 길잡이일 뿐이며 여정의 모든 도전은 당신의 몫이다. 결과도 당신이 책임져야 한다. 하지만 만족스러운 보상—성찰하는 삶, 삶다운 삶—도 역시 당신 몫이다.

3장

논증 이상의 모험

성찰하는 삶이 널리 무시되긴 하지만 다행히도 그런 사람들만 있지는 않다. 이 추구는 워낙 중요해서 이른바 '소수 정예'에게로 국한되지 않는다. 소크라테스의 도전에 부응하여 성찰하는 삶을 영위하려는 사람도 많다. 그들은 관심이 있다. 생각할 각오가 서 있고, 목표 도달을 가로막을 모든 장애물에 맞설 의향도 있다. 바라기는 당신도 나와 함께 더 행복한 후자에 속했으면 좋겠다. 이 책은 당신을 위한 것이며, 다른 사람들이 관심을 보인다면 당신도 이 내용을 나눌 수 있다.

생각하는 사람이 신앙과 의미를 탐색해 나가는 노정은 무엇일까? 지금부터 내가 하려는 일은 그 노정을 그리는 것이며, 이를 위해 전체 추구에 더하여 추구하는 사람이 거치는 중요한 네 단계를 기술할 것이다. 다만 처음부터 아주 분명히 해 둘 것이 있다. 추구에 대한 이 설명이 신앙을 변호하려는 일방적 논증으로 읽히지 않았으면 좋겠다. 그보다 나는 당신을 모험으로 초대하고 싶다. 신앙과 의미를 당신이 직접 발견할 수 있도록 말이다. 그래서 행여 엉뚱한 기대감을 조장하지 않도록, 내가 하려는 일과 하지 않으려는 일을 솔직히 밝히려고 한다.

증거가 아니라 표지판이다

첫째, 내 목표는 당신에게 무언가를 입증하기보다 어딘가를 가리켜 보이는 것이다. 당신에게 탐험을 권하는 초대인 만큼 실제로 당신이 여정에 올라 직접 탐색해야 한다. 읽는 것만으로 부족하다. 강조해서 말하는데, 나는 빈틈없는 논리적 논증으로 당신에게 추상적 개념을 납득시키려는 게 아니다. 그래 봐야 당신은 사실상 현재의 자리에 그대로 남겨진다. 물론 이는 당신이 권유를 받아들여 직접 탐색에 나서도 결과가 보장되지는 않는다는 뜻이다. 이론적으로 말해서 당신은 결국 정령 숭배자, 무신론자, 회의론자, 신자 등 무엇이든 될 수 있다. 신자가 될 경우에도 무엇을 믿는 신자일지는 모른다. 요지는 신앙과 의미를 추구할 책임이 추구하는 사람인 당신에게 있다는 것이다. 본래 이 추구란 그런 것이다. 당신이어야 한다. 당신이 찾아 나서야 한다.

물론 신앙과 의미의 추구가 순전히 사적일 수만은 없다. 각자의 삶일지라도 모두가 시간과 공간을 공유하며 더불어 살아가기 때문이다. 그래도 이는 개인의 실존적 추구다. 당신과 나의 실존이 걸려 있다. 당신의 삶과 생각을 당신 외에 누구도 대신 맡아 줄 수 없다. 내 책임을 모면하려고 하는 말이 아니라 추구의 본질상 본인에게 요구되는 일을 명확히 밝히기 위해서다. 길을 가면서 누구나 서로 도울 수야 있지만, 찾는 일은 각자가 직접 해야지 아무도 다른 사람을 대신할 수 없다. 추구하는 동안 스승과 길잡이, 본받을 귀감, 자멸을 피할 사례, 길동무는 얼마든지 있을 수 있지만 대리 추구만은 없다. 당신의 추구이니 당신이 직접 걸어야 한다.

이 도전이 처음부터 끝까지 중요한 이유는 서구 세계를 형성한 양대 주요 사고방식이 서로 판이하기 때문이다. 매슈 아널드가 **헬레니즘과 헤브라이즘**이라고 표현한 그리스인과 유대인의 사고는 양쪽 다 진리를 깊고 진지하게 대했지만 방식이 사뭇 달랐다. 그리스인은 신들과 세상에 대한 진리를 사상 체계로 보았다. 이 추구는 이성만으로 가능하며, 자연계와 초자연 영역을 모두 그런 식으로 분석했다. 반면에 유대인은 하나님에 대한 진리의 추구를 이야기로 보았다. 이 이야기는 실생활 속의 경험과 만남을 통해서만 알 수 있다. 물론 그 이유는 유대인에게 (나중에 그리스도인에게도) 하나님이 인격체라서 실제로 대면해야만 그분을 알 수 있기 때문이다. 생각해 보면 사람도 소문만 들어서는 알 수 없다. 사람을 알려면 서로 만나 친해져야 한다. 유대교와 기독교에서 보기에는 하나님의 경우도 그와 같아서 그분을 참으로 알 수 있는 길은 그것뿐이다. 성경에 나오는 하나님이 과연 존재한다면—아직은 **가정**이다—지금까지 다른 사람들이 그분에 대해 정리한 내용을 다 알게 되면 당신의 지식은 방대해지겠지만 막상 그분을 아는 데는 별 진전이 없다.

이런 인식론의 차이에서 보듯이 그리스인에게는 진리가 추상적인 체계였지만 유대인에게 진리는 인격적이고 실존적이고 역사적인 이야기와 그 줄거리였다. 그리스인의 추구에서는 이성이 관건이었다. 이성으로 알아낼 수 있는지 여부가 중요했다. 그러나 유대인이 하나님을 알려면 이성 이상이 필요했다. 비이성적인 일은 아니지만 이성만으로는 부족했다. 하나님은 인격체이므로 그분을 알려면 생명과 의미를 지으신 그분 자신을 만나야만 한다. 관계 속에서 그분을 더 친밀하게 알아 가야 한다.

그 차이를 이해하면 추구 과정이 완전히 달라지는데, 거기에는 그만한 중요한 이유가 있다. 그리스인의 사고가 유대인의 사고보다 우세해지면서 서구 사상 전체가 뒤틀어졌고, 따라서 특히 의미 추구에 대한 서구 사상도 비뚤어졌다. 그렇다고 추구의 이 단계에서 구도자인 당신이 둘 중 하나의 방식을 선택해야 한다는 말은 아니다. 그 선택은 당신이 추구를 통해 발견하고 결정할 결과에 달려 있으며, 아직은 한참 후의 일이다. 다만 구도자는 이 차이가 처음부터 추구 방식에 어떤 영향을 미치는지를 알아야 한다. 그리스의 관점과 거기서 비롯한 대다수 철학자의 관점에 따르면, 이 추구는 신앙과 의미와 확신을 찾으려는 우리 인간의 일일 뿐이다. 그래서 이성과 추론과 사유만으로 충분하다. 인간이 지혜로워지는 데 필요한 것은 관찰과 사고뿐이므로 안락의자와 책 한두 권이면 될 일이다.

성경의 관점과 거기서 비롯한 유대교와 기독교의 관점은 두 가지 중요한 점에서 그리스의 관점과 다르다. 우선 하나님이 인격체이시기에 이 추구는 우리가 그분을 찾는 것 이상으로 그분이 우리를 찾으시는 일이기도 하다. 성경이 옳다면—역시 아직은 **가정**이다—하나님도 인격체이시고 그분의 형상대로 지어진 우리도 인격체다. 모든 인격적 관계가 그렇듯이 사람을 제대로 알려면 3인칭 서술로는 안 되고 1인칭의 직접 소통과 무엇보다 언어가 필요하다. 마찬가지로 하나님을 알려면 인간의 이성과 사유만으로는 안 되고 그분이 우리에게 자신을 보여 주시고 계시하셔야 한다. 이 관점에 따르면 인간의 추구만으로는 언제나 부족하다. 물론 인간의 지혜─인간이 이성과 사유만으로 알아낼 수 있는 진리─도 분수에만 맞으면 얼마든지 온당하다. 예컨대 과학의 진리가 그렇고, 프랜시스 베이컨 등이 자연의 책이라고 칭한 모든 것이 그렇다. 하지만 그런 지혜는 우리에게 다른 인격체나 하나님을 알려 주기에는 역부족이다. 상대가 사람일 때는 부족한 정도지만 상대가 하나님일 때는 완전히 실격이다. 인격체인 하나님을 알려면 이성만으로는 안 되고 두 인격체가 만나야 한다. '자연의 책'만 아니라 '계시의 책'이 필요하다.

또 하나, 유대교와 기독교 관점의 추구에서는 하나님을 알려면 직접 추구에 뛰어들어야 한다. 관찰과 사고로 그칠 게 아니라 추구하는 내내 준비된 자세로 경청하고 응답해야 한다. 우리의 추론과 사유가 아무리 뛰어나도 그 이상으로 하나님이 우리에게 자신을 알려 주셔야 하고, 우리 쪽에서도 추구 과정에서 만나는 그분과 모든 것 앞에 즉각 반응해야 한다. 관찰과 사고만으로는 충분한 진전을 이룰 수 없다. 하나님을 만나고 알려면 마음을 열고 경청하다가 그분이 말씀하실 때 응답해야 한다. 안락의자에서 추구를 수행할 것이 아니라 기꺼이 인격 대 인격으로 만나야 한다. 그리스 방식은 안락의자에서나 산책 중에도 얼마든지 가능하다. 혼자서 증거만 찾아내면 된다. 하지만 히브리 방식은 인격체인 그분의 실체에 눈뜨고 관계를 맺어야만 가능하다. 하나님을 그렇게 알려면 준비된 자세로 그분 앞에서 경청해야 한다. "너는 누구며 어디에 있느냐?"라는 물음이 들려오면 즉각 기꺼이 "여기서 잘 듣고 있습니다"라고 오롯이 사실대로 아뢰어야 한다.

과연 그런 인격체인 하나님이 존재하여 우리에게 말씀하실까? 물론 그 답은 추구 과정에서만 얻을 수 있다. 이 단계에서 중요한 점은 어떻게 태도에 따라 처음부터 결과가 정해지는지를 인식하는 것이다. 신앙과 의미 추구에서 나는 그리스의 관점만 아니라 유대교의 관점도 존중한다. 내가 이해하는 신앙과 철학 둘 다가 나를 그렇게 만든다. 이런 논증이 증거라기보다 표지판이며 우리가 거기에 능동적으로 완전히 뛰어들어야 한다는 나의 주장도 그래서 나온 것이다.

왜 표지판에 불과할까? 내가 논리적 증거를 제시하지 않는 데는 두 가지 이유가 더 있다. 우선 삶의 의미에 관한 내가 세상 모든 사람에게 통할 획일화된 증거의 존재를 믿지 않기 때문이다. 또 하나는 증거를 요구하는 마음 자체가 추구를 방해한다는 것이다. 느긋하게 앉아 자신이 증거에 설득되는지 보고 나서 마음대로 믿거나 믿지 않기로 결정하면 된다는, 잘못된 인상을 풍기기 때문이다. 느긋하게 앉아서는 답을 찾을 수 없다. 이 추구가 실존적인 이유는 당신이 발견할 결과에 당신의 실존 자체가 걸려 있기 때문이다. 그래서 나의 접근 방식은 당신에게 길과 표지판을 쭉 보여 주는 것이다. 결과는 추구하는 당신이 직접 그 표지판을 따라가며 알아내야 한다.

언뜻 보기에 이 방식은 더 약해 보이고 마치 이성에 덜 의지하는 것 같지만, 사실은 그 반대다. 표지판 내지 이정표가 이끄는 대로 따라가면 진리를 만나게 되는데, 그것은 시의성 없이 이성에만 기초하여 사유한 관념적 진리가 아니라 시의적절하게 실생활과 직결되는 실존적 진리다. 관념적 진리는 '수용 아니면 거부'의 차원을 벗어나지 못하지만 실존적 진리는 당신의 인생을 걸어도 좋은 진리다. 이 말의 긍정적 의미는 차차 밝혀지겠지만, 우선은 엉뚱한 기대감이 생겨나지 않도록 부정적 의미를 강조한다. 나는 내가 믿는 삶의 의미를 간단한 삼단 논법이나 4단계 증거로 제시할 마음이 없다. 지금까지 그런 답을 많이 들어 보았지만 그중 탄탄하고 충실한 것은 하나도 없었다. 그런 개념 자체가 잘못되고 어긋난 것이다.

그렇다고 오해하지는 말라. 나는 이성의 중요성을 외면하거나 적절한 증거의 중요성을 무시하려는 게 아니다. 정확한 입증은 삶의 특정 분야들과 무엇보다 수학과 과학에서 매우 중요하다. 그러나 모든 것을 수학적으로나 과학적으로 먼저 증명해야만 믿을 수 있는 것은 아니며, 그런 증명이 가능하지도 않다. 이제는 널리 동의되고 있듯이 증거라는 개념 자체에도 일정한 가정이 전제되며, 무언가를 입증하기 전에 그런 가정부터 입증하기란 불가능하다. 가정이라는 이름이 붙은 것도 일단 그렇게 전제해야만 다른 무엇 하나라도 입증할 수 있기 때문이다.

"철학자의 신이 아니라…"

더 중요하게 가족 관계나 친구 관계처럼 삶의 중요한 영역에서는 정확한 입증이 불가능하고 부적절하다. 물론 반증이 유용할 수 있으나―예컨대 외도는 부부간의 정절을 모독한다―정확한 논리적 증명은 걸맞지 않다. 과학은 인류에게 주어진 귀한 선물이지만, 어디까지나 도구지 우상이 아니다. 그래서 앞서 인용했듯이 버트런드 러셀이 『종교와 과학』에서 "과학으로 밝혀낼 수 없는 것은 인간이 알 수 없다"라고 주장한 말은 조금도 맞지 않는다. 사랑하는 대상에게 당신의 사랑을 논리식이나 삼단 논법으로 '증명하려고' 해 보라. 보답으로 입맞춤이나 포옹은커녕 따귀를 맞을지도 모른다. 존중심과 도덕성이란 곧 삶의 모든 것을 그 자체로 이해해야 한다는 뜻이다. 신앙과 의미도 마찬가지다. 신앙과 의미를 시험관에서 검증하거나 배양 접시에서 배양하거나 아인슈타인의 $E=mc^2$ 같은 수학 공식으로 환원할 수는 없다. 로맨스와 애정만큼이나 신앙과 의미도 엄밀한 수학적 또는 과학적 의미로 증명될 수 없다. 증명되지 않는 게 천만다행이다. 사랑과 로맨스는 단지 과학과 수학에 지배당하지 않는다 해서 열등해지는 게 아니라 오히려 더 고결해진다. 우리의 추구 목표인 신앙과 의미도 마찬가지다.

지난 세월 나는 이른바 신의 존재 증명을 수없이 들었다. 하나님의 존재에 대한 합리적이고 이론적인 논증은 다양하다. 고금의 많은 내로라하는 똑똑한 인간이 끙끙대고 씨름하여 최대한 설득력 있는 논증을 내놓았다. 인간의 이성이 극한까지 발돋움해서 얻은 논증이지만, 대다수 사상가가 보기에는 여전히 부실하고 철학자 이외의 대다수 범인에게는 너무 건조하고 복잡하다. 많은 사람이 인정할 만큼 대단하고 어쩌면 논리적으로 탄탄한 논증도 있지만, 여전히 "그래서 어쨌다는 거지?"라는 반응이 가능하다. 물론 논증은 신앙이 전혀 비합리적이지 않음을 보여 줄 수 있으며, 그것만으로도 분명히 진일보한 것이다. 그러나 진정한 신앙이 되기에는 이른바 하나님의 존재 증명과 그분을 실제로 만나고 알아 가는 체험 사이에 여전히 커다란 괴리가 있다.

아브라함 요수아 헤셸 같은 위대한 유대교 사상가들과 블레즈 파스칼 같은 위대한 기독교 사상가들에 따르면 이성의 신은 최고의 추상 개념, "철학자의 신"에 불과하다. 파스칼은 "불의 밤"—1654년 11월 23일 밤 10시 반부터 12시 반까지의 뜨거웠던 두 시간—에 하나님을 만나고 체험했는데, 그 경험을 기술할 때 위의 대비를 깊이 염두에 두고 "**철학자와 학자의 신이 아니라** 아브라함의 하나님, 이삭의 하나님, 야곱의 하나님"이라는 표현을 썼다(저자 강조). 그는 하나님을 증명한 게 아니라 여지없는 불가항력으로 그분을 직접 대면하여 만나고 체험했다.

훗날 그는 『팡세』에 철학적 증거의 한계를 예리하게 지적했다. "하나님의 존재에 대한 형이상학적 증거는 인간의 추론과는 한참 거리가 먼 데다 너무 난해하여 별로 영향을 미치지 못한다. 설령 일부 사람에게 도움이 된다 해도 그 증명을 쳐다보고 있을 때뿐이지 한 시간만 지나면 그들도 자신이 착각한 것 같다는 생각이 든다." 헤셸의 결론도 비슷하다. "바벨탑을 쌓아서는 천국에 이를 수 없다." 인간의 철학과 기술은 눈부신 공을 많이 세웠지만, 우리가 도달해야 할 높은 곳으로 우리를 번쩍 들어 올리지는 못한다.

논리적 삼단 논법에 자신의 실존을 걸 사람이 누가 있겠는가? 자신이 도출한 철학적 증거에 도의적 책임감을 느낀 사람이 지금껏 하나라도 있을까? 삶의 의미는 결코 '1, 2, 3이니까 4다'라는 식으로 증명될 수 없다. 경이, 사랑, 자유, 정의, 신앙 같은 개념도 마찬가지다. 이 광활하고 신비로운 우주를 창조한 하나님이 존재한다면, 분명히 그분은 핏기 없는 창백한 이론 이상이고 철학자가 추론해 낸 잠정적 결론 이상이다. 추구하는 사람은 하나님을 절대자이자 가장 중요한 최고의 실재로 만나고 체험하거나, 아니면 한낱 관념에서 멈추거나 둘 중 하나다. 물론 관념은 삶이 힘들어질 때 위로도 되지 않고 설득력도 없다. 철학자의 신은 추상적이고 심장이 없지만, 아브라함과 이삭과 야곱과 예수의 하나님은 사람들의 부르짖음을 듣고 기도에 응답하시며 그들의 두려움과 꿈을 아신다. 우주의 하나님은 바로 인간에게 자신을 거셨다.

그래서 이 추구는 안락의자에서 또는 망원경만으로는 결코 불가능하다. 소매를 걷어붙이고 어수선한 현실 속으로 나가야 한다. 추구란 '기분 내킬 때만' 하는 게 아니라 '어떤 상황에서도 매진하는' 것이다. 최고의 질문과 진정한 해답은 실생활의 도가니 속에 있고 세상과 역사라는 큰 무대 위에 있다. 이성도 추구에 꼭 필요한 도구인 만큼 추구는 당연히 합리적이어야 하지만 또한 인격적·실존적·상황적이어야 한다. 다음번에 오귀스트 로댕의 유명한 조각 "생각하는 사람"의 복제품을 보거든 이 위대한 조각가가 주인공의 추구를 어떻게 표현했는지 잘 보라. 잘 보면 생각하는 사람은 자신의 전 존재로 치열하게 생각한다. "내가 조각한 인물은 머리로만 아니라 벌어진 콧구멍으로, 앙다문 입술로, 팔과 등과 다리의 모든 근육으로, 거머쥔 주먹과 오그린 발가락으로 생각한다. 그래서 그는 생각하는 사람이다."

존 던은 "인간은 섬이 아니다"라고 썼고, 헤셸은 "생각은 섬이 아니다"라고 말했다. 그의 말마따나 우리의 사고방식은 생활 방식의 영향을 받는다. 그래서 '사고는 우리 삶의 실상이 압축된 것이다.' 추구는 논리와만 아니라 삶과 맞닿아 있어야 한다. 삶의 의미를 추구하려면, 강연 주제가 무엇이든 철학자의 강연을 엿들을 게 아니라 당신이 직접 해답을 찾아야 한다. 성찰하는 삶은 사고와 생활을 필요로 하며, 사고는 생활의 한복판에서 이루어져야 한다.

이렇듯 추구는 이성의 중요성을 충분히 존중한다. 그러나 이성은 한계가 있으므로 이성으로만 추구할 수는 없다. 케임브리지 대학교의 철학자 비트겐슈타인의 유명한 은유처럼 이는 "병에 갇힌 파리에게 빠져나갈 방법을 알려 주는" 난제다. 이성도 파리처럼 윙윙거리며 맴돌다 문제의 벽에 머리를 찧고 속수무책으로 자꾸 추락할 뿐이다. 은유를 바꾸어 보면,

이성은 정작 근원적 해답을 수색해야 할 높은 고도에서는 비틀거린다. 구도자에게 이성만 있으면 된다는 생각은 에베레스트산을 정복하려는 산악인이 베이스캠프 너머를 산소통도 없이 등반하는 것만큼이나 미련하다.

성찰하는 삶은 삶 전체로 뛰어들어야 하는 도전이기에 대리가 허용되지 않으며 게을러서는 성과를 볼 수 없다. 우리 각자가 수고해야 한다. 자신의 사고로 변화와 결실을 이루어야 한다. 저마다 여정에 올라 조사하고 탐험하여 자신의 결론에 도달해야 한다. 저마다 진리가 이끄는 대로 따라가야 한다. 그렇지 않고서야 어떻게 결과를, 성찰하는 삶이자 자신의 삶이라 부를 수 있겠는가? 내 설명은 길 가는 당신을 도울 여행안내서, 내비게이션 장치, 일련의 표지판에 불과하다. 내비게이션 장치나 표지판을 자신이 가려는 목적지로 착각하는 여행자는 없다. 내 설명이 모호하거나 길을 잃게 한다면 나를 비난해도 좋다. 하지만 당신이든 다른 사람이든 직접 노력하지 않는다면 그것은 본인의 책임이다.

생각하는 사람들은 전 존재로 생각한다

둘째, 이 책은 생각하는 사람에게 맞춘 것이며 따라서 모두를 위한 책은 아니다. 과거에는 신앙을 명확히 설명하면 그 속에서 코끼리도 헤엄칠 수 있고 아이도 무사히 물장구칠 수 있다고들 말했다. 그러나 도움이 되는 설명의 수준과 방식은 사람마다 다르다. 생각하는 사람들이야 삶을 숙고하지만, 누구나 다 그렇지는 않다는 게 놀랄 일은 아니다. 게다가 사고형 인간도 어차피 결론마다 다 생각을 통해 도달하는 것은 아니다. 나는 경영의 권위자인 피터 드러커와 함께 강단에 선 적이 있다. 진정한 지성인이면서 신앙심도 깊은 그에게 청중의 한 사람이 어떻게 신앙을 갖게 되었느냐고 질문하자, 그는 번득이는 재치로 자신이 회심한 이유를 한마디로 답했다. "그게 최고로 수지맞는 일이었거든요!"

또 하나 분명히 해 둘 것이 있다. 이 책을 사고형 인간을 위해 썼다는 말에는 배제나 아첨의 의도가 없다. 생각하는 사람들에게는 그들만의 특수한 함정이 있다. 생각한다는 이유로 우월감이 들 수 있고, 교만한 우월감 때문에 다른 사람들에게 필요한 것이 자신에게는 필요 없다고 생각될 수 있다. 성찰하는 삶은 사실 수고를 요한다. 모든 무심한 관습과 모든 진부한 상투어와 모든 뻔한 결론이 그 삶을 대적한다. 삶을 성찰하려면 호기심과 창의적 사고로 매사를 처음인 듯 새롭게 보아야 하며, 그렇게 하려면 다시 하나도 아닌 세 가지 자질이 요구된다. 그중 하나는 흔히 예상하는 대로지만 나머지 둘은 곧잘 간과된다. 성찰하는 삶을 추구하려면 건강한 **이성**과 정직한 **양심**과 생생한 **경이감**이 필요하다. 아브라함 헤셸은 "그러므로 실체를 제대로 인식하려면 경이 내지 극도의 경탄이 선결 조건이다. 경이란 언어와 관념에 길들여지지 않은 상태다"라고 말했다.

여담이지만 그래서 이 책의 대상은 지식인이 아니라 생각하는 사람이다. 이른바 지식인의 사고는 자신의 머릿속에 완전히 갇혀 있는 경우가 너무 많다. 그들은 논의에서 양심을 배제하며, 경이감을 모두 잃었다. 남은 도구라고는 이성 하나라서 이성만으로 찾을 수 있는 것에 맹목적으로 헌신한 사상가다. 그래서 그들은 두더지만큼이나 근시안적이다. 지식인의 위선과 결점을 광범위하게 연구한 폴 존슨의 책은 "지식인을 조심하라"는 유명한 경고로 끝난다.

망치를 든 사람에게는 못만 보이듯이, 그런 지식인에게는 이성과 과학적 방법으로 입증되지 않는 한 아무것도 실재가 아니다. 그들은 이성과 과학적 방법에도 반드시 가정이 필요하다는 것을 망각했고, 햄릿의 유명한 질책도 물론 망각했다. "호레이쇼, 천지간에는 자네가 철학으로 상상하는 것 이상이 있다네." 그들은 성찰하는 삶과 자신의 좁은 학문적 결론을 혼동할뿐더러, 그들의 그런 결론조차도 대개 오래전 대학원 시절에 공부한 것이다. 그들의 사고는 아무리 무르익어도 상아탑과 안락의자를 벗어나지 못하고, 교수들 사이에 유행하는 생각이 무엇이든 간에 그것을 넘어서지 못한다. 삶과 실재의 태반이 저만치 그 너머에 있는데 말이다.

삶의 의미를 추구하는 길은 많고, 길을 가는 중에도 많은 차이가 생겨난다. 발견했다고 주장하는 내용만 아니라 추구하는 방식도 다양하다. 그런데 많은 사람이 자신의 사고력을 중시하지 않는다. SNS 때문에 과거보다 그런 사람이 많아졌을 것이다. 그들은 즐거이 다른 사람들의 견해를 수용하고 시류를 따라간다. 그들의 과오는 친구들의 견해와 인터넷 검색의 신속한 결과를 성찰하는 삶으로 혼동하는 것이다.

지금처럼 의미는 코미디언과 미치광이에게나 해당하고 신앙은 허구와 목발 정도로 일축되는 시대일수록, 생각하는 사람의 성찰하는 삶은 더욱더 중요한 개념이다. 이 책은 스스로 생각하려는 사람, 철저히 성찰하는 삶의 결론으로 자신의 확신에 도달하려는 독자를 위한 것이다.

미리 내보이는 나의 패

셋째, 이 여행안내서를 내놓는 나는 이미 결론에 도달한 사람이다. 그래서 완전히 중립적인 척하지 않으며, 외부 조언의 한계도 익히 잘 안다. 사실 이 책은 팸플릿이나 전단지에 불과하다. 장소나 행사를 팸플릿에 멋지게 설명할 수 있으나 중요한 것은 말에 부응하는 실재다. 양쪽이 일치하면 팸플릿은 쓰고 버리면 된다. 용도가 다했으니 말이다. 중요한 것은 실재이므로 사전 설명은 잊어도 된다. 마찬가지로 이 책의 말도 중요한 만남과 깊은 체험에 대한 모든 설명처럼 기껏해야 심한 축소 표현이다. 추구 대상은 실재인데, 말은 아무리 위력적이고 정확해도 설명일 뿐이지 그 자체로는 실재에 근접하지 못한다. 가장 생생하고 감동적인 말도 언젠가는 사라진다. 실재만이 실재이고, 아무리 아름답고 감동적인 최고의 말도 실재는커녕 축소된 표현에 불과하다. 이른바 '진리'는 늘 **무언가에 대한** 진리다. **실재에 대한** 진리이고 따라서 **실재의 실재성**이다. 결국 진리와 실재는 추구하는 사람이 직접 찾아내야 한다. 최고의 논증일수록 늘 그 논증 너머를 가리켜 보여야 한다. 결국 중요한 것은 나나 다른 누구의 말이 아니라 실재다.

    게다가 나는 중립적인 척할 마음도 없다. 완전히 객관적인 사람은 아무도 없다. 우리 인간은 누구나 다 유한하다. 소크라테스와 플라톤과 아리스토텔레스와 공자와 부처와 힌두교 철학자 샹카라가 우리보다 훨씬 똑똑할지는 몰라도, 나름대로 주관적이기는 그들도 마찬가지다. 우리 모두는 세상을 자신의 입장에서 본다. 그러니 말에도 자신의 입장이 담길 수밖에 없다. 한 개인이 만인을 대변한다는 것은 주관이 전혀 섞이지 않은 말만큼이나 불가능하다. 분명히 우리는 탐색 과정에서 두 종류의 상이한 주장을 만날 것이다. 우선 힌두교와 불교와 세속주의 같은 종교와 세계관은 자기네가 인간의 사유에만 기초했다고 주장한다. 과연 인류는 거의 무에서부터 시작하여 공들여 삶의 문제를 심사숙고해 왔다. 반면에 유대교와 기독교와 이슬람교 같은 종교와 세계관은 자기네가 계시에도 기초했다고 주장한다. 양측의 주장대로라면 전자로 대변되는 것은 사안에 대한 인간 최고의 사고에 불과한 반면, 후자의 기초는 순전히 인간적인 관점이 아닌 외부에서 알려 준 것이 된다.

계시의 주장은 최대한 엄격하게 따지고 검증해야 한다. 모든 주장을 그렇게 해야 하기 때문이기도 하지만, 또한 거기에 함축된 의미가 명백하기 때문이다. 외부에서 알려 주었다는 주장이 진리로 밝혀진다면 이로써 인류의 곤경이 완전히 바뀔 가망성이 열린다. 그것이 우리를 인간의 유한성이라는 제약에서 해방할 테니 말이다. 하지만 그런 주장이 허위라면 감쪽같이 속일 뿐이므로 유해하다.

어쨌든 일단 피할 수 없는 고백이 있다. 누구나 그렇듯이 내 말과 글도 주관적이다. 내 저서를 아는 사람은 잘 알겠지만 나는 예수를 따르는 그리스도인이다. 하지만 늘 최대한 공정하려고 애썼다. 나는 모든 사람이 스스로 사고해야 하며,

따라서 모든 종교의 사람에게 신앙과 양심의 자유가 중요하다고 철석같이 믿는다. 그래서 각자 믿고 싶은 것을 믿을 만인의 권리를 반드시 존중하고, 그들의 신념을 어떻게든 공정하게 기술한다. 똑같이 중요하게, 많은 가능한 대안을 널리 탐구하던 나 자신의 추구도 익히 기억한다. 지난 세월 나는 다르게 믿는 사람들을 일부러 접촉하곤 했다. 예컨대 버트런드 러셀, A. J. 에이어, 크리스토퍼 히친스 같은 무신론자들과 대화했고, 인도 리시케시의 시바난다 아시람(수도원)에서 힌두교 구루의 가르침을 받기도 했다.

이 책에서도 최대한 객관적이고 공정하려 애쓰겠지만, 내 관점에 어떻게 대응할지는 당신이 직접 숙고해서 정할 문제다. 나는 유한하기에 솔직하고 겸손해야 하지만, 그 핑계로 당신이 추구 자체를 피할 수는 없다. 여정 중에 만나는 길잡이가 훌륭하든 형편없든 관계없이 우리 각자가 책임지고 자신의 결론에 도달해야 한다.

설명에 수반되는 위험

넷째, 사고형 인간의 추구를 설명하는 것은 추구에 유익한 길잡이 역할을 위해서지만 설명 자체에 위험이 수반된다는 점도 잊어서는 안 된다. 우선 생각하는 사람의 여정을 천천히 네 단계로 상술하면 자칫 부자연스럽고 진부하고 너무 융통성이 없어 보일 수 있다. 최악의 경우 무슨 비결이나 공식처럼 비칠 수도 있다. 실생활에서 처음부터 끝까지 한결같은 속도로 천천히 체계적으로 사고하는 사람은 거의 없다. 우리의 사고는 느리고 꾸준할 때도 있고, 영영 수렁에 빠진 것처럼 느껴질 때도 있다. 반면에 물꼬가 확 트이면서 직관적 도약을 이루어 순식간에 통찰과 결론으로 치닫기도 한다.

고층 건물은 차례로 한 층씩 차곡차곡 지어진다. 그래서 건축된 방식과 순서대로 얼마든지 천천히 묘사할 수 있다. 그러나 고속 승강기는 워낙 속도가 빨라서 100층이 2층이나 3층처럼 느껴질 수 있다. 마찬가지로 구도자의 사고도 추구의 어떤 단계에서는 그렇게 빨리 움직여, 단계별 구분이 중요한데도 그렇지 않거나 아예 그런 구분이 없어 보일 수 있다.

다시 말해서 내 설명은 일반론인데, 바로 그 사실이 장점도 되고 약점도 된다. 일반론은 한둘이 아닌 많은 사람의 경험에 기초한 것이라서 유익하다. 하지만 똑같은 이유에서 도움이 되지 않을 수도 있다. 많은 사람의 경험에 기초하다 보니 아주 다른 한 개인의 독특성을 놓칠 수 있다. 그뿐 아니라 여정에 대한 일반론은 절차나 기법처럼 들리기 쉽다. 그 절차대로 자꾸 반복하면 반드시 늘 동일한 결과가 나온다는 잘못된 인상을 풍길 수 있다. 자판기에 동전을 넣으면 늘 초콜릿 바가 나오는 것처럼 말이다.

물론 이 추구는 전혀 그렇지 않다. 추구의 여정은 누구에게나 독특하다. 새롭고 낯선 경험이 우리를 앞으로 떠민다. 부처는 바라나시 사슴 공원의 보리수 아래서 무언가를 경험했고, 모세는 불붙고도 타지 않는 떨기나무 앞에서 비틀거렸고, 다소의 사울은 다마스쿠스로 가던 길에 극적인 대면에 부딪혔다. 이 모두는 전무후무한 단번의 사건으로 각자의 여정에 결정적 고비가 되었다. 어떤 의미에서 공통된 틀이 있긴 하지만 가장 넓은 의미에서만 그렇다. 각 경험의 의미를 제대로 인식하려면 독특성을 충분히 인정해야 한다. 당신의 여정에서 만날 굵직한 사건도 마찬가지다. 우리는 다 독특하며, 타인의 한낱 '복제품'인 사람은 아무도 없다.

이제 시작할 때가 되었다

서론은 이 정도로 충분하고 이제 추구 자체를 설명할 차례다. 그러니 앞으로 자주 듣게 될 이 위대한 질문을 자신에게 던져 보라. **당신은 어디에 있는가?** 당신의 삶은 어떤 상태인가? 삶의 여정이 어디쯤 지나고 있는지를 아는가? 성찰하는 삶을 원하는가? 시작할 준비가 되었는가? 당신의 삶에 있을 만한 일탈을 파악했는가? 어리석은 협상과 '나중'의 유혹을 직시했는가? 인생을 걸 각오가 서 있는가? 그래서 도중에 만날지 모르는 모든 방해에 맞서 장애물을 치우겠는가?

영국 화가 프랜시스 베이컨은 "다른 사람들에 비해 미술가는 자신의 유년기에 훨씬 가까이 머문다"라고 말했다. 아마 그는 시인과 음악가도 거기에 포함시킬 것이다. 그들에게는 호기심과 창의력이 삶의 법정 화폐다. 그러나 사실 거의 모든 사람이 베이컨의 생각보다 더 가까워지는 때가 있다. "당신의 이야기를 들려주세요"라고 다정하게 청한 뒤 상대의 반응을 정말 들어 주기만 하면 된다. 누가 진심으로 들어 줄 때 우리는 자신이 인간으로서 사랑받고 존중받고 인정받는다는 것을 안다. 인간으로서 사랑받고 인정받으면 서슴없이 마음을 열 수 있다. 자신의 현 위치를 그대로 직시하고 삶의 중심에 놓인 화급한 질문과 불안한 추구를 인식할 수 있다.

배우 말런 브랜도는 임종을 앞두고 이렇게 말했다고 한다. "삶은 풀리지 않는 수수께끼다. 그냥 다 살고 나서 마지막 숨을 거둘 때 '사는 게 뭔지'라고 말하는 것이다." 얼마나 서글픈 죽음이고 얼마나 비참한 삶인가. 이 책은 그런 딱한 결론을 면하도록 당신을 도와주려고 기획되었다. 생각하는 사람의 의미 추구가 지금부터 제시될 텐데, 나는 이것이 독백이 아니라 대화가 될 거라고 믿는다. 그래서 당신을 반응으로 초대한다. 우선 자신이 미리 관에 누워 있다고 상상해 보라. 자신이나 친구에게 당신의 이야기를 들려주라. 당신의 여정이 지금 어디쯤 지나고 있으며 당신이 찾으려는 게 무엇인지부터 말하면 된다.

당신은 어디에 있는가? 중국 속담에도 있듯이 천 리 길도 한 걸음부터다.

4장

이 모두가 질문으로 시작된다

1단계—질문의 때

여정 자체에 대해서는 언제 말할 것인가? 지금까지 우리가 살펴본 내용은 다 서론이다. 추구 내지 여정의 개념만 논했지 실제 출발에 대한 말은 없었다. 성찰하는 삶의 도전을 알아보았고, 우리의 충분한 사고나 관심을 막아 삶의 의미를 탐색하지 못하게 하는 장애물도 짚어 보았다. 이어 구도자의 추구에 대한 설명을 통해 내가 제시하려는 바와 하지 않으려는 일을 최대한 밝혔다. 무엇을 기대해야 할지 혼란스럽지 않도록 말이다.

    이제 우리는 아주 중요한 질문으로 넘어간다. 이런 추구를 시도할 생각조차 하지 않는 이들도 있는데, 왜 어떤 이들은 충분한 사고와 관심으로 추구에 나설까? 추구를 촉발하는 것은 무엇일까? 구도자의 여정은 크게 네 단계로 이루어지는데, 그중 첫 단계를 이해하려면 이 질문이 매우 중요하다. 추구 1단계는 **질문의 때**다.

우선 이야기로 시작하자. 맬컴 머거리지는 20세기 영국의 가장 저명한 언론인이자 풍자 작가 중 하나였다. 그보다 더 기만을 못 견뎌 하고 인간의 부조리한 가식을 예리하게 꿰뚫어 본 사람은 없다. 난장판 같은 인간사의 공허함을 아무도 그처럼 포착해 내지 못했다. 이 모두가 진실에 대한 열정에서 비롯됐고 냉소는 조금도 없었다. 한 전기 작가가 썼고 본인도 인정했듯이 "맬컴 머거리지는 늘 자신이 무엇을 믿는지 알기 전에 무엇을 믿지 않는지부터 알았다."

머거리지는 케임브리지 대학교에서 보낸 4년을 "내 평생 가장 헛되고 암울한" 시절이라고 표현했다. 인도는 세상에서 가장 종교적인 나라일 텐데, 거기서 보낸 3년은 종교에 대한 그의 믿음을 완전히 무너뜨렸다. 혈기 왕성한 공상적 사회주의자로 스탈린 치하의 러시아에도 갔지만, 그의 정치적 이상주의는 2년 만에 잿더미가 되었다. (스탈린이 일부러 조장한 기근으로 1922년부터 1930년까지 4백만 명 이상이 아사했을 때 그 참상을 최초로 보도하고 규탄한 사람이 그였다.) "암울한 1930년대"를 그는 "눈물 없는 진보의 환상으로 시작되어 진보 없는 눈물의 현실로 끝난 시대"라고 요약했다. 교육과 종교와 정치에 답이 있다는 말은 다 부질없었다. 불과 몇 년 만에 그는 이 모두의 한계를 간파했다.

머거리지의 전환점은 자살을 기도하던 밤에 찾아왔다. 2차 세계대전 중에 육군에 입대하려다 실격된 그는 대신 첩보 임무를 받아 파견되었다. 그것도 교전지와는 멀리 떨어진 아프리카 동해안에서 독일 상선을 감시하는 일이었다. 모든 게 한없이 허무하게 느껴졌다. 그가 즐겨 쓰던 표현으로 다 **얼빠진** 일이었다. 그날 밤 그는 김빠진 술과 절망에 취해 자리에 누웠는데, 방 안에는 온 세상과 우주에 달랑 혼자일 뿐 그 누구나 무엇에도 의지할 데가 없었다. 그때 불쑥 이런 생각이 들었다. 이런 전시에 국민으로서 아무것도 일조하는 게 없는데 적어도 한 사람은 죽여서 기여할 수 있었으니 바로 자신이었다. "나는 자신을 죽이기로 했다."

10킬로미터쯤 차를 몰아 모잠비크의 작은 마을을 벗어나니 인적 없는 해변이 나왔다. 그는 옷을 벗고 차갑고 어두운 물속으로 헤엄쳐 들어갔다. 그러다 갑자기 멈추었다. 헤엄치다 흘긋 돌아보니 해안에 여태 한 번도 보지 못한 여러 불빛이 보였다. 그것이 그를 그 자리에 붙들어 세웠다. "그것은 세상의 불빛이었다. 내가 속해 있던 '집'과 서식지의 불빛이었다. 나는 거기로 가야 한다." 그는 다시 헤엄쳐 돌아왔다. 집이었다. 세상에 희망이 있었다.

이것은 머거리지의 회심 체험이었을까? 생각만으로도 그가 코웃음을 칠 일이다. 그가 삶에 대해 만족스러운 결론에 도달한 것은 세월이 더 흘러서였다. 하지만 그날 밤이 전환점이었다. 그의 표현으로 이 "깊은 변화"가 훗날 "완전한 변화"로 이어졌다. 그의 고백은 플라톤의 동굴 비유와 비슷하다. "자아의 작은 동굴 속에서 나는 사슬과 족쇄에 묶인 채로 저 위의 창살 사이로 비쳐 드는 희미한 빛을 보았다." 그 희미한 빛을 본 머거리지도 이제 추구에 몰두했다. 어디로든 그 빛이 이끄는 데로 따라갈 참이었다. 그날 밤의 갑작스럽고 직관적인 행동—삶과 목적과 집을 향한 발버둥—의 이유를 찾아야 했다. 무언가를 믿는 사람이 되기까지는 아직 멀었지만 그는 구도자가 되어 있었다. 동굴 밖에 과연 삶과 햇빛이 있을까? 자신이 직접 알아내야 했고, 그래서 추구가 시작되었다.

질문의 위력

위대한 추구의 첫 단계는 질문의 때다. 삶이 의문을 제기하며 해답을 요구하면 구도자가 태어난다. 우리의 기존 의미 체계로는 답변할 수 없는 의문이다. 그래서 우리는 이제까지 보거나 생각한 것보다 더 깊은 탐구로 떠밀린다. 의문이 구도자를 낳는다. 의문 덕분에 우리는 답을 필요로 하는 문제를 인식한다. 질문과 이의를 제기당한 사람은 자신이 책임지고 질문에 답해서 당면 문제를 풀어야 함을 심중에 용케 안다. 질문은 우리를 대응 능력도 있고 대응할 도전을 무시하지도 못할 사람으로 대한다. 구도자를 낳고 구성하는 것은 바로 강하게 떠미는 의문과 문제다.

질문은 의미 추구에 꼭 필요한 기초라서 질문하지 않고는 추구도 있을 수 없다. 삶을 성찰하지 않는 사람이 그토록 많은 이유는 대부분 계속 질문하는 사람이 아주 드물기 때문이다. 그들은 필요한 답을 이미 다 안다고 생각한다. 하지만 해답만 있고 배후의 질문이 없으면 의미와 창의력과 생명도 없다. 익숙하면 무심해지고 타성과 관습은 상투어와 안일을 낳는다. 많은 사람이 관념이라는 세입자의 셋돈으로 먹고사는 건물주 노릇에 만족하지만, 그들의 관념은 더 젊었을 때 머릿속에 들어왔거나 부모와 조상에게서 물려받은 것이다. 그런 진부한 답은 점차 식상해지다가 결국 그들을 배신한다. 진정한 의문과 문제를 푸는 답이 아니라면 죽은 답이다.

소크라테스가 그리스의 쇠파리로 불리는 데는 이유가 있다. 그는 성찰하는 삶을 주창했을 뿐 아니라 직접 그대로 살았다. 자신에게는 물론 다른 사람들에게도 끊임없이 물으며 삶을 탐구했다. 철학은 사고에 대해 사고하는 활동이며, 질문으로 시작된다. 최고의 철학자는 최고의 솜씨로 최고의 질문을 던지는 사람이다. 질문이 추구의 첫 단계인 것은 우연이 아니다. 질문은 첫 단계를 낳고 구성한다. 질문으로 탐색이 시작된다. 질문은 결과에도 중요한 영향을 미친다. 질문이 떠밀어 주지 않으면 추구는 바람 빠진 풍선처럼 오그라든다. 오그라들어 지적인 공원 산책이나 이론 싸움의 장기판에 불과해진다. 결국 우리 각자가 해야 할 질문은 두 가지다. 나는 질문하고 있는가? 그것은 제대로 된 질문인가?

질문의 중요성을 강조하고 싶다. 첫째, 1단계에서 던지는 질문의 성격이 추구의 전체 결과에 영향을 미친다. 질문의 성격이란 질문의 방향과 강도 둘 다를 가리킨다. 당연하고도 필연적인 사실이지만, 질문이 없는 사람은 현 상태에 만족한다. 그들은 구도자가 아니며 아마 평생 아닐 것이다. 이와는 사뭇 대조적으로, 경험에 따르면 제기된 특정 질문의 방향과 위력은 추구의 성격을 결정짓는다. 질문의 위력은 전 존재를 끌어들이는 힘에서 비롯한다. 그것이 피할 수 없는 도전임을 자신도 안다. 이런 사람은 질문에 반드시 답할 것이며, 그 답에 그들의 인성이 달려 있다. 이런 의미에서 질문은 씨앗 형태의 해답이다. 만족스러워야 할 최종 해답의 강력한 단서가 질문 속에 들어 있다.

둘째, 질문의 힘과 영향은 천차만별이다. 가장 낮은 수준의 질문은 순전히 지적인 차원을 벗어나지 못한다. 그나마 잠시 주목을 끈다면 단지 호기심 때문이다. 가장 약한 질문인 만큼 가장 약한 구도자를 낳는다. 호기심만으로 구도에 별 진전이 있을 리 없다. 이런 질문은 문제 제기로 끝난다. 사람들이 탐구할 수도 있고 그렇지 않을 수도 있다. 반면에 질문의 위력이 더해지면 전 존재를 끌어들이는 효과가 있으며, 실생활의 상황 속에서라면 특히 더하다. 그러면 그 사람은 질문의 힘에 떠밀려 지적 호기심의 차원에서 실생활의 해법을 필요로 하는 실생활의 문제로 넘어간다.

다소 일반적인 예를 들어 보자. '인간이란 무엇인가?' 오래된 이 단골 질문이 강의실에서 제기된다면, 그때 답하는 방식이 있을 것이다. 그런 답의 전형으로 간행된 장황한 책만도 수없이 많다. 그러나 똑같은 질문이 오늘 우리 인류가 아우슈비츠 학살과 히로시마 원폭을 겪었고 전(前)특이점(인공 지능이 인간 두뇌를 추월하는 시점-옮긴이)을 앞둔 상태라는 인식 하에서 제기된다면, 그때는 답하는 방식이 달라질 수 있다. 이런 어마어마한 사건은 인간에 대해 무엇을 말해 주는가? '인간'과 '인간됨'은 서로 다른가? 대개 실생활 효과는 '인간이란 무엇인가?'라는 질문을 '인간이란 누구인가?'를 거쳐 '우리는 누구인가?'와 '나는 누구인가?'로 바꾸어 놓는다. 죽음의 수용소 같은 있을 수 없는 악을 자행한 사람들이 우리—당신과 나—와 같은 종임을 알기 때문이다.

개인 차원에서도 질문을 통해 똑같은 일이 벌어질 수 있다. 문득 어떤 질문이 우리를 그 자리에 붙들어 세울 수 있다. 이전에 수없이 들었던 질문일 수 있으나 이번에는 다르다. 마치 질문의 글자체가 갑자기 천 배로 커지고, 음량과 의미가 상상을 초월할 정도로 증폭되고 확대된 것 같다. 이런 수준의 질문은 수많은 후속 질문을 불러일으켜 우리를 숨 가쁘게 한다. 여태 그 질문을 보던 관점과 설명하던 언어는 부실하여 모두 무너져 내린다. 이 질문에는 도대체 어떤 의미가 있을까? 지금 우리는 인간의 질문에 답하지 못할 무의미의 심연을 들여다보고 있는 것인가? 아니면 삶의 의미 자체가 신비임을 한순간 퍼뜩 깨달은 것인가? 최고 수준의 질문은 구도자에게 이처럼 벼락 맞은 듯한 충격을 가해 추구에 나서도록 내몬다. 그 질문이 불러일으키는 의문은 아주 깊어 전 존재에 이의를 제기하고, 그리하여 구도자가 태어난다. 그 질문이 지금까지 믿어 온 모든 것의 핵심부 근처까지 건드린다면, 더 큰 동요와 심지어 대변혁을 일으킬 전복의 잠재력마저 있다. 이제 구도자에게는 이전에 필요한지조차 몰랐고 자신이 결코 내놓을 수 없는 의미가 필요하다. 이처럼 우리 인간의 의미가 어느새 우리를 능가하게 되면, 구도자의 탐색도 자신을 벗어나야 한다. 생각이 이전의 무난한 수준보다 더 깊어지고 높아져야 한다.

요즘은 구도자라는 단어를 쓰기가 망설여진다. 과용되고 종종 곡해되기 때문이다. 이 단어는 흔히 무소속이나 부동층의 대용어 정도로 아주 가볍게 쓰인다. 텔레비전 채널을 자꾸 돌리거나 백화점을 한 바퀴 도는 사람처럼 말이다. 이런 의미의 구도자는 삶을 대강 훑어보는 사람에 불과하다. 눈에 차는 대로 아무거나 찾으려고 두리번거리는 것이다. 이런 가벼운 구도자는 대개 딱히 무엇을 찾는 게 아니라 아무거나 다 괜찮다는 식이다. 참된 구도자는 사뭇 다르다. 그들을 만나면 진지하고 치열한 추구가 느껴진다. 구도자란 삶 자체나 삶의 일부가 갑자기 경이와 의문과 문제와 고민거리로 바뀐 사람이다. 구도자는 마음이 열려 있으나 그렇다고 막연하고 멍한 상태는 아니다. 그들은 의문이 있다. 그 의문이 그들에게 무언가를 요구하거나 재촉하며, 그들은 자신이 거기에 반응해야만 함을 안다. 이 책에서 말하는 구도자는 바로 이런 진지한 의미의 **구도자**다.

목발에 불과할까?

셋째, 바로 앞에 쓴 "반응해야만 함"이라는 표현을 눈여

겨보았는가? 반응할 필요(또는 욕구)가 있다는 뜻인데, 이 또한 쉽게 곡해되므로 아주 신중히 써야 한다. 여기서 그 오해를 밝혀 보자. 추구에 '필요'가 수반되긴 하지만, 그것이 초장부터 사람을 넘어뜨릴 때가 많다. 조심하지 않으면 누군가가 꼭 심리학으로 반론을 편다. 프로이트 계열인 그의 비판은 이런 식이다. "그럼 그렇지, 당신의 진행 방식은 정확히 내가 예상한 대로입니다. 위대한 정신 분석학자인 프로이트의 말처럼 당신도 질문과 욕구에서 출발하는군요. 겉으로는 고상하게 여정 운운하지만, 정작 속으로는 인간이 무언가를 믿는 이유는 믿어야 할 욕구 때문이라고 말하는 거잖아요. 거기서 신앙과 의미의 본색이 드러납니다. 신앙과 의미란 결핍된 사람의 목발이나 투사(投射)나 소원 성취에 불과하지요." 이어지는 반론에 따르면 생각하는 사람도 누구 못지않게 결핍되어 있을 수 있으며, 그들의 신앙도 더 복잡한 형태의 목발에 불과할 뿐 비합리적이기는 마찬가지다.

하지만 그렇게 성급해서는 안 된다. 프로이트와 그의 후예들은 논의에 너무 일찍 뛰어든다. (실제로 너무 급히 끼어들다가 오히려 자신들의 믿지 않으려는 욕구를 드러낼 때가 많다.) 사실 이 단계에서는 아무도 무언가를 믿지 않는다. 의문과 거기에 반응할 필요 자체가 신앙을 낳는 것은 아니다. 의문과 욕구 때문에 믿는 사람은 아무도 없다. 프로이트 계열을 비롯한 회의론자들이 잘못 안 것이다. 추구 1단계의 논리는 의문과 욕구가 인간을 믿음이 아닌 **불신**에 **빠뜨린다는 것이다. 제기된 의문 때문에 이제 이전에 믿던 것을 더는 믿을 수 없다. 이제까지의 믿음이 더는 질문의 답이 되지 않기 때문이다.** 우리는 의문에 이끌려 구도자가 되고, 반응할 필요에 떠밀려 해답을 찾아 나선다. 구도자란 믿음이 불신으로 바뀌어 이제부터 더 낫고 확실한 해답을 찾으려는 사람이다. 일단은 그것이 전부다. 아직까지는 답은 보이지 않고 질문만 있다.

구도자는 검색 몇 분만으로 답을 찾아낼 수도 있고, 추구에 여러 해가 걸릴 수도 있다. 그가 붙드는 답을 다른 사람들은 미쳤거나 틀렸다고 생각할지도 모르고, 어쩌면 끝내 아무런 해답도 얻지 못하고 추구를 포기할지도 모른다. 가능성은 무궁무진하다. 그러나 추구의 기간이나 성공 여부와 무관하게, 결국 그들이 무언가를 믿게 될지 여부는 나중 단계의 일이며 이유도 각기 다르다. 지금 중요한 점은 의문이 추구를 촉발하고 구도자를 낳았다는 것이다.

헝가리의 과학자이자 소설가인 아서 쾨슬러도 맬컴 머거리지처럼 세상의 쓴맛부터 톡톡히 보고 나서 왕성한 구도자가 된 경우다. "나는 헝가리 국가를 열창했으나 조국은 패망했다. 내가 지지한 카로이 대통령의 민주 공화국은 붕괴했고, 내가 가담한 백일 코뮌은 소탕되었다. 나는 집단 정착촌에 살며 레모네이드를 팔아 통신사를 운영했다. 부랑자가 되어 굶어 죽다시피 했고 집안도 몰락했다. 도피하여 숱한 밤을 사창가와 매음굴에서 보냈다. 프랑스 정치도 배울 만큼 배웠지만 영영 질색하게 되었다."

요컨대 쾨슬러는 당시의 그 나라에서 가능한 방안은 다 시도해 보았다. 어린 시절의 친구 에바 스트라이커는 그를 "우리 모두 중에서 가장 불행했던 사람"이라 표현했고, 어느 기자는 "그러면서도 새로운 신앙에 가장 굶주렸던 사람"이라 덧붙였다. 머거리지처럼 쾨슬러도 자신이 무엇을 믿지 않는지를 잘 알았고 열심히 답을 추구했다. 그러나 안타깝게도 끝내 답을 찾아내지 못한 채 아내 신시아와의 동반 자살로 졸지에 추구를 중단해 버렸다. 단순하고 복잡하고를 떠나 추구는 목발이기는커녕 오히려 어떻게 끝날지 모르는 위험을 수반한다. 성공할 수도 있고 실패할 수도 있으나 이 단계에서 중요한 것은 추구가 질문으로 시작된다는 것이다.

잘못된 신앙에 불과할까?

심리학적 반론은 신앙을 거론하기만 하면 자동으로 튀어나오는 진부한 비난이다. 마치 모든 신앙이 본래 '잘못된 신앙'이라는 듯이 말이다. 오직 무언가를 믿어야 할 욕구 때문에 믿는 신앙을 장-폴 사르트르는 그렇게 칭했다. 그래서 이 점은 아무리 강조해도 지나치지 않다. 즉 목발이니 소원 성취니 하는 이론은 결과적으로는 유해하지만 추구 1단계에서는 연막에 불과하다. 그것은 추구 중에 싹틀 수 있는 모든 특정한 신앙을 묵살한다. 모든 신앙을 싸잡아 사기라고 비난함으로써 신앙이 해답일 수 있다는 개념 자체를 무너뜨린다.

잘못된 신앙을 운운하는 반론은 성찰하는 삶을 진지하게 대하는 사람에게는 허구다. 욕구가 신앙을 낳는다고 누가 그러던가. 신앙은 프로이트가 말하는 목발이나 투사도 아니고, 마르크스가 말하는 억눌린 인민의 아편과 자위도 아니다. 생각하는 사람이 성찰하는 삶을 추구하다 무언가를 답으로 믿을 최종 근거는 하나뿐인데, 곧 그것이 객관적 진리라는 확신이다. 게다가 이것은 추구의 나중 단계에 제기될 문제다. 1단계의 질문은 믿음이 아닌 불신을 낳는다. 그 질문이 구도자를 구성하고 추동하는 원동력이다. 다만 아직 답이나 해법이나 믿음은 보이지 않고 질문뿐이다.

고아와 난쟁이

사실 현대의 곤경은 그런 반론의 주장과는 정반대다. 그런 회의론에 우리는 정직하게 맞서야 한다. 우리는 영적 고아와 난쟁이 세대다. 고아라 함은 우리가 조상의 풍부한 대화로부터 단절되었기 때문이고 난쟁이라 함은 영적, 지적 발육 부진으로 인해 오답이 무서워 질문을 겁내기 때문이다. 물론 우리는 욕구를 지닌 인간이기에 오답에 속을 위험이 늘 있다. 소비 사회에서 허욕에 호소하는 광고에 속을 위험이 상존하듯이 말이다. 그렇더라도 확실하고 충분한 해법을 찾으려면 문제를 인정하고 진지한 질문을 제기하고 진정한 욕구를 직시해야 한다. 삶은 신비라서 문제를 수반하며, 인간의 욕구와 두려움이 다 비합리적이지는 않다. 현대의 가장 큰 문제 중 하나는 사람들이 너무 근시안적이고 소심해서 감히 궁극의 문제를 제기하거나 중대한 질문을 던지지 못한다는 것이다.

문제가 없는 사람은 무식자와 바보뿐이다. 그런데 많은 현대인이 인간의 재능에 취하고 기술 발전에 매혹되고 오락에 푹 빠져 있다. 그들에게는 궁극의 문제가 없다. 마치 모든 해답을 안다는 듯이 살아간다. 필요한 변화라고는 더 나은 식단, 더 똑똑한 건강 관리법, 국민 총생산 증가, 현 정부 내의 개편 등 사소한 조정뿐이다.

현대 사회는 간편한 땜질의 허상에 미혹되어 삶의 중대한 질문은 나 몰라라 한 채 늘쩡거리며 갈지자로 걷고 있다. 안팎으로 엄청난 문제가 쌓이고 있는데도 그것을 깨닫지 못한다. 앞서 말했듯이 우리는 아우슈비츠 학살과 히로시마 원폭을 겪었고 전특이점을 앞두고 있다. 그 사실을 진지하게 생각해 본 사람이라면 누구나 밝히 알듯이, 지금 인류는 사상 초유의 회의(懷疑)를 자초하고 있다. 이럴 때일수록 반드시 중대한 질문과 궁극의 문제와 인간 심연의 욕구를 제기해야 한다. 물론 우리 앞에 제시되는 많은 답 중에는 가짜와 빛 좋은 개살구도 있을 것이다. 하지만 자신의 지평에 화급한 물음표가 없는 사람은 이미 공중누각에 살고 있다.

묻고 또 묻는 동물

질문의 때가 왜 큰 동요와 전복을 일으킬 수 있는지 알려면 삶의 의미와 소속의 중요성 ― 1장에 말했던 의미, 안정된 소속, 삶의 이야기 ― 만 기억하면 된다. 신앙과 의미를 찾으려는 기본 욕구는 워낙 필연이고 정상이라서, 거기서 생겨난 질문은 구도자의 삶을 말 그대로 흔들어 놓다 못해 대변혁을 불러올 수 있다. 질문이 크든 작든 격렬하든 그냥 끈질기든, 추구는 질문으로 시작된다.

인간은 지구상의 독특한 생명체다. 이유를 묻는 종은 우리뿐이며, 우리의 자의식은 다른 어떤 동물보다 깊다. 동시에 우리는 세상에 대한 설명이 세상 자체에는 없음도 안다.

그래서 만물의 이치가 어떻게 생겨났고 인간이 거기에 어떻게 들어맞는지 물을 수밖에 없다. 지구상에 생명체가 무수히 많은데, 왜 우리에게는 우리 자신이 문제이고 난제일까? 인간이 무엇이 아닌지는 말하기 쉽다. 누구든 자신이 알렉산더 대제나 돼지감자라고 주장하면 금방 정신 병원에 들어가야 할 사람으로 지목된다. 하지만 어떤 이유에서인지 인간이 무엇인지는 그렇게 쉽게 말할 수 없다. 우리는 그저 동물이나 기계인가, 아니면 그 이상인가? 후자라면 무엇인가? 인간은 저차원의 "털 없는 원숭이"나 "이기적 유전자"로 정의되는가, 아니면 하나님의 형상대로 신처럼 지어진 고차원의 존재로 정의되는가? '있는 그대로의 사실'이 종종 사안의 전부는 아님을 우리는 마음 깊이 안다. 방법을 알더라도 배후의 이유가 궁금한 게 우리다. 그래서 우리는 더 깊은 설명을 구한다. 최대한 멀리 거슬러 올라가 더 알차게 의미의 최종적 근원을 찾으려 한다. 가장 많은 질문을 아우를 수 있는 궁극의 해답일수록 좋다.

인간의 궁극적 질문을 사람마다 다르게 표현해 왔다. 계몽주의 최고의 철학자 이마누엘 칸트는 우리의 사고에 도전을 가하는 굵직한 질문을 네 가지로 약술했다. "우리는 무엇을 알 수 있는가? 무엇을 해야 하는가? 어떤 희망을 품을 수 있는가? 인간이란 무엇인가?" 프랑스의 화가 폴 고갱은 그것을 세 가지로 압축했다. "우리는 어디서 왔는가? 어디에 있는가? 어디로 가는가?" 문학 비평가 조지 슈타이너는 우리를 그냥 인간으로 요약했다. "우리는 **호모 사피엔스** 이상으로 **호모 쿠아에렌스**(*homo quaerens*) 즉 묻고 또 묻는 동물이다."

당연히 우리는 그런 질문에 답이 있기는 한 건지 궁금할 수 있다. 어떤 이들은 그것이 정당한 질문인지, 아니면 광활하고 황량한 우주에 답 없이 내던져진 엉터리 질문인지 의아할 것이다. 그러나 모든 인간에게 자신이 인식하든 그렇지 못하든 인생철학이나 인생관, 세계관, 신앙이 있는 이유는 바로 그런 질문에 더 잘 답하기 위해서다. 그 신앙 내지 세계관은 우리에게 꼭 필요하고 중요하다. 그것이 빚어내는 이야기나 지도나 렌즈를 통해 우리는 삶의 모든 경험을 해석한다. 실재를 어떻게 보고, 무엇을 진리로 여기고, 자신의 정체성을 어떻게 이해하고, 도덕 문제를 어떻게 판단하는지 등이 다 그것으로 결정된다. 세상에 당당히 후손을 남기면서 이를 정당화하는 근거도 거기서 나온다. 세계관은 의미와 소속과 이야기의 원천이다.

대다수 사람이 자신의 세계관을 인식하지 못하는 이유는 대개 세계관이 무의식 속에 자리하고 있기 때문이다. 건강처럼 세계관도 붕괴되기 전까지는 우리 삶 속에 당연시된다. 하지만 그것이 보이지 않을 때도 우리는 그것을 **통해서**

본다. 꼭 그렇게 믿는다고 말하지 않아도 그 믿음이 우리의 행동을 통해 드러나게 마련이다. 실제로 세계관은 자신의 사고만 아니라 부모, 교육, 문화적 배경, 인생 경험, 깨달음 등 다양한 요인의 산물이다. 지구상에 놀랄 만큼 다양한 세계관이 있지만, 우리 각자에게는 자신의 인생관이 기본이고 필수다. 거기서 의미와 소속감을 얻기 때문이다. 저마다에게 세상 속의 세상과도 같은 그것이 천지 차이를 낳는다.

삶의 의미라는 개념을 비웃는 이들이 있듯이 타인의 세계관을 조롱하기를 즐기는 냉소주의자들도 당연히 있다. 노르웨이의 극작가 헨리크 입센은 "평범한 인간에게서 일생의 거짓말을 빼앗으면 그의 행복도 없어진다"라고 냉소적으로 말했다. 아마 그는 이 똑똑해 보이는 독설이 자신의 세계관에도 똑같이 적용되는 부메랑임을 잊었던 모양이다. 평범한 사람들의 신념이 일생의 거짓말이라면 왜 자신의 신념만은 예외인가? 다른 많은 사람은 그보다 겸손하고 마음이 넓었다. 플라톤은 사람들에게 인간 최고의 사상을 취하여 "그것을 뗏목 삼아 삶을 항해하라"고 조언했다. 『멋진 신세계』의 저자 올더스 헉슬리는 자신의 세계관이 삶의 풍랑에 맞설 은신처로서 우주의 무한한 어둠 속에 판 동굴과 같다고 고백했다. 자신의 욕구를 위해 그 욕구에서 생겨난 신앙임을 솔직히 인정한 것이다.

인생철학은 아주 다양할 수 있다. 더러는 매우 복잡하고 더러는 단순하다. 종교적인 것이 많지만 세속적인 것도 있다. 대부분 무의식 속에 있지만 고도의 사유를 수반하는 것들도 있다. 극소수 사람의 신앙도 있고 국민 절대 다수의 신앙도 있다. 그러나 어떻게 다르든 신앙과 세계관은 우리 각자에게 한없이 중요하다. 그래서 거기에 의문이 제기되면 근본부터 흔들릴 수 있다. 아침마다 깨어나 또 하루를 살아가는 우리에게 의미는 호흡만큼이나 끊임없이 필요하다. 그런데 지금까지 진리라고 여겨 온 모든 것이 바람을 잡으려는 환상에 불과하다면 어찌할 것인가? 그동안 붙들어 온 확신이 주는 위안을 버리고 새롭게 깨어나 무언가 더 확실하고 충분한 것을 찾아야 한다면 어찌할 것인가? 바로 그것이 추구 1단계에서 의문이 구도자에게 제기하는 도전이며, 그래서 이런 의문은 마음을 설레게 할 수도 있지만 못내 불편하게 할 때가 더 많다.

5장

여정의 시동 장치

의문이 구도자를 낳고 구성하여 추구의 중요한 1단계를 촉발한다면, 우리는 좀 더 깊이 살펴볼 필요가 있다. 질문은 실제로 어떻게 우리 삶과 사고에 이의를 제기하여 더 나은 답을 찾도록 떠미는가? 어떤 이들에게는 극적이고 격한 충격이 여정의 시동 장치가 될 수 있다. 맬컴 머거리지의 자살 기도가 그런 경우다. 부처가 된 네팔 왕자 싯다르타 고타마의 질문과 추구는 유명한 수레 행차 중에 시작되었다. 전설에 따르면 그는 병든 사람과 늙은 사람과 죽은 사람을 우연히 접했다. 그렇게 인간 곤경의 적나라한 현실 앞에 서니, 그동안 부왕의 권력이 만들어 낸 특권과 호강의 세계라는 허상에 구멍이 뚫렸다. 잘 알려져 있다시피 그는 그 길로 추구에 나서 결국 바라나시 사슴 공원의 보리수 아래에 이르렀다.

레오 톨스토이의 경우는 형의 죽음을 겪고 단두대 처형을 목격한 이중의 충격이 시동 장치가 되었다. 화약 왕 알프레드 노벨에게 그것은 1888년 프랑스 신문에 실린 자신의 부고를 읽은 충격이었다. (사실은 그의 형 루드비히가 죽었는데 오보였다. 그는 "죽음의 상인, 죽다. 사람을 가장 빨리 죽이는 방법을 개발해 부자가 된 알프레드 노벨 박사가 어제 사망했다"라는 기사를 읽고 기겁했다.) 알렉산드르 솔제니친에게 그것은 소련의 강제 노동 수용소에서 날뛴 잔인한 악, 모든 인간의 내면에 흐르는 부정할 수 없는 악이었다. 이런 충격을 히포의 아우구스티누스보다 더 절절히 느끼고 묘사한 사람은 별로 없다. "나는 칼에 베여 피 흘리는 영혼을 메고 다녔다. 도저히 내 힘으로 감당 못할 짐인데도 내려놓을 데가 없었다."

다른 많은 사람의 질문은 더 조용하면서 집요하게 삶의 표면에 떠올랐다. 성공한 유명 인사들이 내게 성공만으로 결코 충분하지 않더라고 털어놓은 적이 얼마나 많은지 모른다. 삶은 그 이상이어야 했다. 고위급 정치인, 이름난 CEO, 올림픽에서 금메달을 딴 운동선수, 잘 알려진 뉴스 앵커 등이 하나같이 고백하기를, 무언가가 더 있어야 함을 마음 깊이 안다는 것이었다.

영국의 저명한 경영 컨설턴트 찰스 핸디는 아버지의 장례식에서 경험한 일을 감동적으로 술회했다. 아버지는 평범한 사람이었지만 문득 깨닫고 보니 핸디 자신이 상상하지 못했던 방식으로 수많은 사람의 삶에 영향을 미쳤고, 그것은 자신처럼 살아서는 감히 꿈꿀 수 없는 성취였다. "그 순간까지 나는 성공과 돈과 가족을 어쩌면 그 순서대로 믿었다. 지금은 순서가 바뀌었지만 그래도 이 셋은 내게 여전히 중요하다. 그런데 이 모두를 담을 더 큰 틀이 있었으면 좋겠다." 이전의 무수한 인간처럼 핸디도 언론인 데이비드 브룩스가 말한 "이력서 속 자아"와 "추도사 속 자아"의 차이를 불현듯 깨달았던 것이다. 성공만으로 부족했다. 더 깊은 생각을 피할 수 없게 된 사람들은 떠밀리듯 구도자가 되어 질문의 근원적 해답을 찾아 나섰다.

이런 이야기에서 보듯이 구도자가 여정을 시작하는 방식은 무수히 많다. 아마 구도자의 수만큼이나 많을 것이다. 그래도 그중 더 공통된 방식이 있게 마련인데, 내 경험으로 보아 더 자주 재현되는 시동 장치는 세 가지다.

세계관에 구멍이 뚫리는 방식

많은 사람이 충격을 받고 추구에 나서는 한 가지 공통된 방식은 인생행로의 각 시절을 통해서다. 청년기부터 노년기까지 삶의 시절마다 특수한 기회와 도전과 위기가 따른다. 한때 7년 고비라 불린 18세부터 25세까지가 특히 중요하다. 인생의 가장 중요한 결정 중 다수를 대다수 사람이 주로 그 기간에 숙고한다. 나는 누구인가, 어떤 직종을 택할 것인가, 누구와 결혼할 것인가, 내 인생과 미래의 가정에 버팀목과 길잡이가 되어 줄 신앙과 세계관은 무엇인가 등이다.

사람들이 충격을 받고 추구에 나서는 또 다른 방식은 알렉산드르 솔제니친이 말한 "사건의 지렛대"—역사의 대사건과 그것이 우리의 삶과 사고에 미치는 영향—를 통해서다. 내가 학생일 때는 유럽의 대다수 대학에서 마르크스주의자들이 전면에 나서서 아주 공격적인 변론을 펼쳤다. 그들은 역사가 자기편이라 믿고 니키타 흐루쇼프의 말마따나 나머지 우리를 매장하려고 했다. 태도가 그렇다 보니 마르크스주의자들은 반론을 알아듣지 못하는 정도가 아니라 아예 귀머거리였다. 말로는 그들을 논박할 수 없었다. 그런데 그 불가능한 일을 역사가 잔인하고 가혹한 논리로 결판내 버렸다. 스탈린이 우크라이나에 조장한 공포의 기근, 소련의 강제 노동 수용소, 마오쩌둥의 문화 대혁명, 폴 포트의 킬링 필드에 이어 마침내 1991년에 소련이 몰락한 것이다. 마르크스주의의 살벌한 위세는 졸지에 종이호랑이로 변해 애틀랜타와 옛 남

부처럼 "바람과 함께 사라지고" 말았다.

물론 마르크스주의가 완전히 사라진 것은 아니다. 그것은 세계에서 인구가 가장 많은 나라인 중국을 지금까지 지배하고 있고, 신마르크스주의나 문화적 마르크스주의의 형태로 서구에도 대거 침투하고 있다. 철학적 결함투성이에다 온갖 도덕적 범죄를 저지른 마르크스주의지만, 이 땅에 불의와 불평등이 사라지지 않는 한 그것의 매력이 완전히 시들지는 않을 것이다. 그러나 오늘의 젊은층은 고전 마르크스주의보다 문화적 마르크스주의와 비평 이론에 끌릴 소지가 더 높다. 레닌과 스탈린의 정치 혁명은 빌헬름 라이히와 휴 헤프너의 더 느슨한 성 혁명으로 변신했다. 침대 속의 혁명이 바리케이드를 치고 싸우는 혁명보다 한결 덜 까다로운 법이다. 어쨌든 역사는 반론을 허용하지 않고 모든 거창한 이념에 딴죽을 거는 버릇이 있다. 사건의 지렛대는 갑자기 충격타로 다가올 수 있다.

초월의 신호

많은 사람이 충격을 받고 추구에 나서는 세 번째이자 내 생각에 가장 흥미로운 방식은 개인의 인생 경험을 통해서다. 사회학자 피터 버거는 그런 조우를 "초월의 신호"라고 표현했다. 그가 짤막한 고전 『현대 사회와 신』에 설명했듯이 초월의 신호란 우리의 관심을 사로잡고 설명을 요구하는 일상 세계의 경험이다. 그렇게 이 신호는 지금 여기 너머의 더 높은 실재를 가리켜 보인다. 신호가 우리를 어디로 데려갈지 그리고 더 높은 실재가 무엇인지는 신호를 처음 듣는 순간에는 알 수도 없고 상관도 없다.

경험과 신호의 논리는 만물의 근원이 비인격적 존재라는 힌두교와 불교 사상을 암시할까, 아니면 유대교와 기독교에서 모든 신비의 배후 의미로 보는 하나님의 실재를 가리킬까? 신호의 초월성은 겉보기와 환상일 뿐이며 무신론의 주장대로 지금 여기가 전부일까, 아니면 그런 신호는 성찰하는 삶이 인간의 이성만으로 가능하다고 본 우리가 이 위대한 추구를 잘못 이해했다는 방증일까? 알고 보니 이 추구가 인간이 하나님을 찾는 그리스의 개념(위대한 상승)이라기보다 하나님이 인간을 찾으시는 히브리의 개념(위대한 하강)이라면, 우리는 이 결과를 받아들일 준비가 되어 있는가?

아직은 이 모든 다양한 가능성에 답할 때가 아니다. 추구의 이 단계에서는 다음 사실을 아는 것만으로 충분하다. 즉 더 깊은 질문 앞에서 구도자는 스스로 의미의 출처가 되기에는 부족함을 깨닫는다. 더 깊은 해답이 필요한 만큼 이제까지 믿고 살아온 것 너머를 살피면서, 무엇을 발견하게 되든 마음을 열고 탐색해야 한다. 해답에 도달하기 위해 모든 위안과 안일을 걸고 자신을 벗어나야 한다. 신호가 자신을 어디로 데려가는지 따라가 보아야 한다. 헤셸의 말처럼 "우리가 기지(이미 알고 있는)의 해안을 떠나는 이유는 모험이나 전율을 찾기 위해서도 아니고 이성으로 질문에 답할 수 없어서도 아니다. 우리가 항해에 나서는 이유는 우리 마음이 신기한 조개껍질과도 같아서 거기에 귀를 대면 바다 건너에서 물결의 속삭임이 쉬지 않고 들려오기 때문이다."

이런 인생 경험은 촉매제 역할을 한다. 신호처럼 소리를 내서 구도자를 재촉하여 현재의 인식을 뛰어넘게 한다. 신호가 소리임에 주목하라. 여정 중의 단서들은 예컨대 표지판처럼 대개 시각 용어로 기술된다. 그것은 생각을 으레 **통찰**, **선견지명**, **되돌아보기** 등으로 표현하는 고도로 시각적인 우리 세상에 딱 맞는 은유다. 표지판은 눈으로 보면 그만이지만 신호는 귀로 잘 들어야 한다. 후자를 위해서는 훨씬 더 능동적으로 참여해야 하며, 겉모습과 소음의 배후 의미를 훨씬 잘 식별한다.

초월의 신호에도 앞서 언급한 질문의 이중 효과와 같은 성격이 있다. 이 경험이 신호인 까닭은 모순과 갈망을 동시에 대변하기 때문이다. 모순이라 함은 그것이 이제껏 충분하다고 믿어 온 지금 여기라는 좁은 세계에 구멍을 내서 무너뜨리기 때문이고, 갈망이라 함은 그것이 무언가 새롭고 더 확실하고 풍부한 것을 가리켜 보이며 동경을 불러일으키기 때문이다. 구멍을 내는 모순과 가리켜 보이는 갈망이 합해져서 그 위력이 사람을 떠밀어 구도자가 되게 한다.

삶에 구멍이 뚫릴 때

스위스의 조각가 알베르토 자코메티는 그런 경험을 "삶에 뚫린 구멍"이라고 표현했다. 그의 경우는 그것이 친구의 죽음이었다. 그러나 그런 경험이 늘 부정적이거나 심지어 죽음과 상관있다고 생각하면 오산이다. 표도르 도스토옙스키의 경우는 그것이 완전히 긍정적인 경험이었다. 1849년 상트페테르부르크에서 처형당하기 직전에 사면된 그는 살아 있음에 감격하며 황홀한 행복감과 경이감에 젖었다. 훗날 그는 "그날만큼 행복했던 기억은 없다"라고 회고했다. 자신의 형 미하일에게는 이렇게 썼다. "과거를 돌이켜 생각해 보면 나는 아무것도 아닌 일에 허송세월했고, 헛수고와 과오와 게으름과 무력한 삶에 많은 시간을 날렸고, 삶이 얼마나 소중한지를 몰랐고, 내 마음과 영혼을 거슬러 숱한 죄를 지었습니다. 그래서 내 심장에 피가 흐릅니다. 삶은 선물이고 행복입니다. 매 순간이 영원한 행복일 수 있지요! 젊은이들이 이 사실을 알 수 있다면 얼마나 좋을까요."

피터 버거는 자신의 표현으로 인간의 원형적 경험을 탐색하면서, 웃음부터 심판까지의 그 하나하나가 강력한 "초월의 신호"로 작용함을 보여 주었다. 다른 사람들은 비슷한 경험을 다르게 표현했다. 성경의 "영원을 사모하는 마음"(전도서 3:11-옮긴이), 아르키메데스의 "유레카" 순간, 윌리엄 블레이크의 "투시"(透視), 윌리엄 워즈워스의 "불멸의 암시", 자코메티의 "삶에 뚫린 구멍", 아브라함 헤셸의 "극도의 경탄" 등이 그에 해당한다.

각기 다른 경험이지만 두 가지 공통점이 있다.

첫째, 이 신호는 우리가 생각하는 실재의 윤곽과 범위의 경계선을 뚫고 들어와 기존 인식에 **구멍을 낸다**. 둘째, 이 신호는 기존 실재 너머의 무언가를 **가리켜 보인다**. 진리로 밝혀지면 모든 것을 바꾸어 놓을 그것이 우리를 부른다. 이런 초월의 신호 또는 경험의 확장은 우리가 평소에 인식하거나 인정하는 것보다 훨씬 자주 찾아온다. 더 잘 주목하기만 한다면 삶은 우리에게 감화와 실마리와 단서와 암시와 깨달음을 던져 준다. 이 모두가 외치듯이 지금 여기의 우리 세상은 결코 전부가 아니다. 눈앞의 세상 너머에 실재가 있어 더 깊은 궁극의 의미로 우리를 부른다. 그 의미가 무엇이든 간에 말이다.

이처럼 초월의 신호는 현대 세계의 두 가지 흔한 특징에 끈질기게 단호히 항거한다. 우선 소비 사회의 편안하고 산만한 일탈을 밀어내고, 그리하여 창문도 없고 경이도 없는 근시안적 세상의 반경을 허문다. 그런 세상은 오감의 영역을 벗어나는 실재에 대한 주장을 일체 배격한다. 피터 버거의 말대로 우리는 "창문 없는 세상"에 살고 있다. G. K. 체스터턴은 실재를 보는 대다수 사람의 관점이 점심을 잘 먹고 나서 살짝 졸음에 겨운 중년 인간과 같다고 말했다.

우리는 이 인공 감옥의 창살에 쿠션을 덧대고는 영적 발육 부진과 철학적 족쇄에 매인 채 수감자처럼 살아간다. 신호를 보내오는 경험은 그런 우리에게 경종을 울려 준다. 의문과 당혹감과 경탄과 경이와 통찰을 자아낸다. 요컨대 그런 경험은 우리의 편협한 인식에 균열을 일으킨다. 동굴 속에 어른거리는 그림자가 전부가 아닐 수도 있음을 모르겠느냐는 것이다. 바깥에 햇빛 찬란한 세상이 있을지도 모른다. 아직은 가능성에 불과하지만 더 높고 깊고 넓은 의미의 세계가 있을지도 모른다. 의문이 우리를 거기로 부른다.

이런 신호의 가장 생생한 사례는 실존 인물들의 실생활 속 이야기다. 그들은 그런 경험에 떠밀려 추구에 올랐고, 지금까지 믿던 것을 의심했으며, 무언가 더 확실하고 만족스러운 것을 찾아 나섰다. G. K. 체스터턴은 미술 대학에 다닐 때 자신의 하루를 생각하다가 어두운 비관론으로 이끌렸다. 그런데 "한 송이 민들레꽃이 그를 그 자리에 멈춰 세웠다." 삶의 의미에 대한 해답이 있다면, 그 해답으로 세상의 뻔히 망가지고 부패한 모습만 아니라 아름다움과 경이도 설명되어야 한다. 히틀러의 무시무시한 악을 접한 W. H. 오든은 거기에 맞서려면 자신의 정교한 지적 상대주의 이상이 필요함을 깨달았다. 그래서 자칭 "무조건적 절대성을 찾는 구도자"가 되었다. C. S. 루이스는 자신의 표현으로 "예기치 못한 기쁨"의 경험을 통해 이전의 무신론에서 깨어나 구도자가 되었다. (그는 그런 찰나의 기쁨이 쾌락과 행복을 능가한다는 사실을 놓칠 수 없었다. 매번 그것은 "채워지지 않은 갈망이로되 그 자체로 다른 어떤 만족보다도 매혹적이어서" 그를 놓아주지 않았다.)

내가 아는 모든 이야기 중 가장 마음 깊이 와 닿는 것은 내 아내가 추구의 길로 떠밀린 경험이다. 고비가 찾아온 때는 그녀의 추구 과정에서 우리 두 사람이 만나기 오래전이었다. 서던 캘리포니아 대학교 재학 중에 패션계로 들어선 그녀는 예기치 않게 어쩌다 성공하여 샌프란시스코에서 파리를 거쳐 뉴욕으로 진출했다. 열아홉 살에 세계 최고의 보수를 받는 패션모델 중 하나로 「보그」, 「하퍼스 바자」 등 여러 잡지의 표지를 단골로 장식했다. 동시에 그녀는 잘생기고 부유하고 젊은 프랑스 남작과 약혼했다. 아일린 포드는 그녀를

1960년대 말 최고의 슈퍼 모델 중 하나로 선정했다. 지평에 구름 한 점 없이 온 세상이 그녀의 것이었다.

진 슈림프턴, 트위기, 마리사 베런슨, 로렌 허턴의 전성기이던 그 당시 패션계의 삶은 그야말로 매혹적이었다. 일례로 주말이면 윈저(아내의 당시 예명)는 약혼자와 함께 잠깐 파리로 날아가 사교를 즐기곤 했는데 그 자리에는 으레 윈저 공 부부, 로스차일드 일가, 살바도르 달리와 부인 갈라 등 파리의 유명 인사들이 동석했다. 한번은 모리스 호텔 내 달리의 아파트에서 누구라도 부러워할 만한 주말 파티가 한껏 무르익고 있었다. 내빈들의 화려한 드레스며 보석으로 꾸민 예복은 세월이 흐른 지금 보아도 탄성을 자아낸다. 그런데 그녀의 시선을 사로잡은 것은 달리의 애완동물인 치타였다. 멋지고 유연하고 힘센 치타는 발톱을 다 뽑히고 거세당한 데다 아마도 모든 것을 제거당한 채 내빈들 사이를 불안하게 어슬렁거렸다.

갑자기 윈저는 넋을 잃고 얼어붙었다. 달리의 치타는 숨막힐 듯 아름답고 위용 있는 피조물이건만 그녀에게는 본연의 모습을 다 잃은 서글픈 허상처럼 보였다. 그러면서 문득 파티 참석자들도 그렇게 보였다. 그들도 다르지 않았다. 모든 부와 명성과 화려한 드레스가 그들을 허상으로 둔갑시켰다. 그녀는 마치 발밑이 쩍 갈라지면서 무의미의 심연을 들여다보는 것 같았다. 파리, 파티, 사진 촬영, 화려한 드레스, 표지 모델, 패션 등이 다 덧없는 찰나처럼 돌연 사소하고 공허하고 가볍게 느껴졌다. 미국과 서구의 삶이 대체로 그랬다. 그녀가 갈망하며 추구해 온 모든 것과 성취한 줄로 알았던 모든 것이 한순간 그 허망한 실체를 드러냈다. 그래도 삶에 의미가 있긴 있을까? 하나님이 존재할까, 아니면 이생이 전부일까?

그녀는 파티 장소를 떠나 뉴욕으로 돌아왔다. 그녀의 삶 속에 질문 하나가 뚫고 들어왔다. 질문은 답을 요구했고 지체를 허용하지 않았다. 처음에 파리로 떠날 때는 패션모델로 대성공하여 업계 잡지의 표지를 주름잡던 그녀가 돌아올 때는 결연한 구도자가 되어 있었다. (이 이야기를 비롯한 여러 초월의 신호의 사례를 구도자를 위한 내 자매편 책 『초월의 신호』에 소개하고 논했다.)

당신은 어디에 있는가?

추구 1단계의 전체 취지가 분명해야 한다. 첫 출발은 질문의 때다. 철학자들은 의미 추구가 미친 짓이라 하고, 과학자들은 우리가 알아야 할 모든 것을 과학이 밝혀내리라 하고, 경제학자들은 풍족한 삶이 모든 삶다운 삶의 개념보다 더 만족스럽다 할지 모른다. 그러나 구도자는 속지 않는다. 삶 자체를 보면 이것이 전부라는 생각이 들 리가 없다. 인간의 머릿속과 마음속의 의문을 잠재울 수는 없다. 의미 욕구에는 시한이 없다. **호모 사피엔스**는 계속 묻고 또 물을 것이고, 인간의 불안한 마음은 쉴 곳을 찾을 때까지 멈추지 않을 것이다.

분명히 추구 1단계에서 중요한 것은 믿음 여부나 믿는 내용이라기보다 마음이 질문에 열려 있는지 여부다. 삶의 의미 추구에 정말 헌신되어 있는지 아니면 무관심한지다. 구도자의 의문은 잔잔할 수도 있고 격렬할 수도 있으나 중요한 것은 그것이 질문이라는 사실이다. 영국의 록 그룹 더 후가 "구도자"라는 노래의 후렴구에 그것을 잘 표현했다. "샅샅이 찾고 있는 나를 모두들 구도자라 하네."

선불교는 이 점을 중시한다. 내적 성장의 열쇠는 '목구멍에 걸린 시뻘건 숯'이다. 이 장애물은 너무 깊어 삼킬 수도 없고 토할 수도 없다. 진주 속의 모래알, 안장 밑의 혹, 자꾸 꾸는 꿈, 분명히 무언가 더 있다는 무언의 직감, 초월의 신호—은유는 다양하지만 경험이 가리키는 방향은 똑같다. 갑자기 삶이 더는 호락호락하지 않고 더는 당연시될 수도 없다. 집요한 의문이 안일에 구멍을 뚫어 무엇이든 이제까지 의미의 출처로 충분해 보이던 것을 허물었다. 구도자가 태어났고 추구가 시작되었다.

　말할 것도 없이 이 1단계에는 안타까운 측면이 있다. 단지 질문하지 않아서 질문의 확실한 유익을 끝내 누리지 못하는 사람이 많다. 그들은 아예 질문하지 않거나 더 정확히 말해서 삶이 자신에게 던지는 질문을 듣지 않는다. 그러니 추구를 시작할 필요도 없고, 아마 언제라도 그럴 의향이 없을 것이다. 성찰하지 않는 삶을 마냥 행복하게 지속할 뿐이다. 행복의 반경이 좁지만 그래도 그들은 친구들의 온정이나 물려받은 신념의 위안에서 벗어날 마음이 없다. 다른 사람들의 사상을 고찰하기는 고사하고 자신을 진지하게 성찰해 본 지도 오래되었다. 우리가 그들에게 줄 수 있는 선물은 성찰하는 삶의 특권과 기쁨을 보여 주면서, 사고와 질문을 시작해 보라고 권하는 것이다. 성찰하는 삶을 시작하기에 너무 늦은 때란 없다.

　그러나 질문하고 추구하기를 원하는 이들에게는 추구 1단계의 도전을 이 질문으로 압축할 수 있다. 당신은 어디에 있는가? 삶의 여정이 어디쯤 지나고 있는가? 지금의 삶과 상황에 완전히 만족하는가, 아니면 무언가 더 필요하다고 느끼는가? 그동안의 삶이 당신에게 자신을 위해서든 사랑하는 사람을 위해서든 꼭 답해야만 할 질문을 제기하지는 않았는가? 스스로는 내놓지 못할 근원적 해답이 필요할지도 모른다고 생각해 보았는가? 초월의 신호 비슷한 것—행여 미쳤다고 할까 봐 창피해서 아무에게도 말할 수 없지만 그래도 자신에게는 부정하지 못할 현실—을 경험한 적이 있는가?

질문의 특성과 취지가 참된 구도자를 빚어낸다. 질문을 따라가라. 신호를 들으라. 생각과 마음을 열어 두고 계속해서 위대한 추구의 다음 단계를 탐색하라.

6장

천지 차이

2단계—해답의 때

성찰하는 삶의 도전에 응함으로써 위대한 추구의 모험은 시작되었다. 우리 각자는 삶의 의미를 직접 숙고하여 최대한 그대로 살아갈 책임이 있다. 이어 우리는 추구의 첫 단계인 질문의 때를 살펴보았다. 삶이 불러일으키는 의문은 우리 삶 전체에 이의를 제기하면서 우리를 떠밀어 답을 찾게 한다. 이제 우리는 추구의 2단계로 넘어간다. 1단계에 자연히 따라 나오는 2단계는 **해답의 때**다.

　삶이 의문으로 변하면 누구나 해답을 찾게 마련이다. 워낙 단순하고 당연하고 빤하게 들리는 말이라서 추구의 이 단계는 여러 단계 중 하나가 아니라 추구 전체로 오인될 때가 많다. 네 단계를 다 공정하게 취급해야 하지만, 2단계가 결정적이라는 데는 의문의 여지가 없다. 우선 관건은 무조건 답을 찾는 게 아니다. 지금은 무수한 답이 제시되는 소비자 시대지만, 그중 많은 답은 겉만 번드르르할 뿐 만족을 주지 못한다. 관건은 깨달음을 주는 정말 충분한 답을 찾는 것이다. 나아가 해답을 모색하는 데는 위험이 도사리고 있다. 질문의 답이 아예 없을지도 모른다는 우려가 늘 있기 때문이다. 구도자는 답이 없다는 결론에 도달할 수 있으며, 어떤 사람들은 실제로 그랬다. 즉 인간의 실존은 무상하고, 신비의 배후에 아무런 의미도 없으며, 인생은 부조리라는 것이다. 궁극의 해답이 없어도 우리의 삶은 계속된다. 거의 누구나 직관으로 알다시피 삶이 죽음보다 낫다. 그러나 어쩔 수 없이 우리의 인생관은 새로 찾아온 허무감과 더는 만족을 주지 못하는 이전의 답에 대한 향수 사이에서 일종의 무인 지대로 빠져든다.

추구 2단계에서 아주 중요한 두 가지 이슈는 깨달음과 충족성이다. 우리의 상황을 제대로 깨우쳐 주고 질문에 정말 충분히 답해 주는 그런 해답이 있을까? 삶이 질문을 던졌고, 질문의 시급성이 우리에게 이의를 제기했고, 그래서 우리는 구도자로 나섰다. 우리가 찾는 것은 의문을 다 풀어 줄 만족스러운 답변이다. 추구 2단계의 몇 가지 특징에 주목하라. 이것을 해답 모색의 3C라 할 수 있다.

관념적이다

첫째, 해답의 때인 추구 2단계는 본질상 관념적(conceptual)이다. 이는 중요한데도 오해하기 쉬운 특징이다. 두 가지 이유에서 이 단계의 초점은 주로 관념에 있다. 추구하고 숙고해야 할 모든 답은 당연히 처음에는 관념이다. 개념을 탐색하는 것이다. 개념이 구도자에게 만족스러운 답이 되려면 이론 이상임이 검증되어야 하지만, 그래도 출발점은 이론 차원이다. 오늘의 우리는 순전히 추상적인 이론은 무시하도록 교육받았다. 물론 그만한 이유가 있다. 우리가 원하는 것은 실생활에서 검증된 탄탄하고 실제적인 개념이다. 하지만 이론이 구도자에게 걸림돌이 되지는 않는다. 구도자는 결국 자신의 인생과 의미를 걸 만큼 충분한 해답을 찾고 있기 때문이다. 한낱 이론에서 온전한 신뢰로 나아가야 함을 그들도 알지만, 관념을 신뢰할 수 있으려면 그것이 탄탄한지 확인해 보는 수밖에 없음도 안다.

진정한 구도자는 관념이 이론이라고 무시하지 않는다. 모든 개념은 구도자의 화급한 질문을 든든히 떠받치는 해답이 될 수도 있다. 물론 불충분한 개념으로 밝혀져서 버려지지 않는다면 말이다. 그런데 안락의자의 구도자는 다르다. 그들은 위험을 감수하지 않는다. 진지하게 추구하지 않는다. 그들에게는 이 관념적 단계가 아마추어의 가벼운 취미 수준에 그치고 부질없는 공염불로 끝난다.

이 단계가 관념적인 이유는 또 있다. 기존 신자를 또는 구도자로 변한 비신자를 넘어뜨린 경험이 무엇이든 간에, 이로써 그들의 삶이나 사고의 문제점이 드러났다. 그 경험이 그들에게 타격이나 상처나 최소한 불쾌감을 준 것이다. 물론 구도자는 질문에 대한 만족스러운 해답을 적극 찾는 중이다. 하지만 동시에 상처받은 부위를 보호하려는 마음도 있다. 그런데 지금 자신이 취약하게 느껴진다. 자라 보고 놀란 가슴 솥뚜껑 보고 놀란다는 말처럼, 그래서 그들은 너무 빨리 뛰어들어 결단하기보다는 마음을 더 다치지 않게 보호하면서 우선 생각으로만 정탐에 나선다.

마치 구도자가 자신의 사고를 정찰대나 선발대나 준비팀으로 파견하는 것과 같다. 구도자는 사고를 먼저 보내 답사하게 하고, 사고가 만족스러운 답변을 가져올 때까지 마음을 잘 간수한다. 사고가 할 일은 지형을 탐사하고 가능한 답을 살피고 여러 좋은 대안을 저울질하여 그중 가장 확실하고 유망해 보이는 답을 마음에 보고하는 것이다. 관념이 아주 중요해서 이 단계는 관념적일 수밖에 없지만, 그렇다고 속아서는 안 된다. 관념을 찾는 추구지만 걸려 있는 것은 한낱 관념이 아니라 훨씬 그 이상이다. 구도자가 개념을 상대하긴 하지만 결코 추상적으로나 이론적으로만은 아니다. 오히려 의문을 다 풀어 줄 만큼 온전하고 충분한 해답, 인생을 걸어도 될 만큼 확실하고 탄탄한 해답을 찾으려는 것이다. 요컨대 추구의 이 단계는 관념적이지만, 여기서 찾으려는 관념과 신념은 우리의 실존과 기대를 든든히 떠받칠 수 있어야 한다.

결정적이다

둘째, 추구 2단계는 관념적일 뿐 아니라 결정적(critical)이다. 포괄적이고 충족할 만한 해답을 찾으려는 이 단계야말로 다른 어떤 단계보다도 추구의 성공 여부와 최종 해답의 성격 및 견실성 여부를 결정짓는다. 다양한 신앙과 인생철학과 세계관과 종교는 그 자체로 차이가 난다. 이것은 제일 흐리멍덩한 상대주의자가 아닌 다음에야 누구에게나 뻔한 사실이다. 하지만 그 각각이 개인에게만 아니라 사회 전체에까지 큰 차이를 낳는다는 사실을 인식하기는 쉽지 않다. 세계관과 인생관이 큰 차이를 낳는 이유는 그것이 우리가 삶을 보는 렌즈일 뿐 아니라 또한 우리가 거주하는 집이기 때문이다. 우리가 보고 경험하는 내용, 우리의 정체성과 소속감이 그것을 통해 결정된다. 보고 경험하는 것이 다 그렇게 정해지다 보니 어떤 것은 우리가 평생 보지 못하고 평생 경험하지 못할 수도 있다.

C. S. 루이스는 그리스도인이 되고 나서 이런 유명한 말을 남겼다. "나는 해가 뜬 것을 믿듯이 기독교를 믿는다. 해가 보여서만이 아니라 해를 통해 다른 모든 것을 보기 때문이다." 똑같은 개념이 히브리 성경에도 나온다. 예컨대 시편 저자는 하나님께 "진실로 생명의 원천이 주께 있사오니 주의 빛 안에서 우리가 빛을 보리이다"(36:9)라고 고백했다. 중요한 것은 모든 신앙과 세계관과 인생철학은 물론이고 예술과 문학도 이와 마찬가지라는 사실이다. 프랑스의 철학자 모리스 메를로 퐁티가 마지막 에세이 『눈과 마음』에 주장했듯이, "우리는 위대한 예술 **자체**를 본다기보다 **그것을 통해서** 본다."

예술보다는 신앙과 세계관이 훨씬 더 그렇다. 세상을 보는 관점인 세계관은 본래 온 세상과 삶 전체를 포괄적으로 설명하는 틀이다. 모든 것을 포괄하는 개념인 만큼 세계관은 더욱더 중요하게 진리여야 한다. 진리만이 아무것도 빼놓지 않고 모든 실재를 포괄하기 때문이다. 각각의 신앙과 세계관은 그것을 믿는 사람이 삶을 보는 렌즈이자 또한 세상에 거주하는 집이다. 의미 못지않게 소속의 문제이기도 하다. 세계관은 세상 속의 세상이 되어 천지 차이를 낳는다. 2단계에서 선택하는 해답이 그토록 결정적인 이유가 거기에 있다. 세계관의 내용이 충분하려면 모든 것을 포괄해야만 한다. 아무것도 빼놓지 않고 정확히 보아야 한다. 세계관은 우리를 안내하는 지도일 뿐 아니라 우리가 자유롭고 만족스럽게 살아갈 수 있는 집이다.

여기서 상대주의는 실제로 휘청거린다. 신앙이나 세계관의 차이는 대개 아주 커서 그에 따른 결과도 달라진다. 신앙과 세계관마다 서로 다르다 보니, 각각 어떤 부분에는 집중하고 어떤 부분은 흐릿하게 만들거나 아예 몰아내 존재를 없애 버린다. 그래서 어떤 신앙과 세계관을 믿고 어떤 렌즈로 보느냐에 따라 우리가 잘 보고 경험하는 부분과 전혀 보거나 경험하지 못하는 부분이 생겨난다. 예를 들어 힌두교를 신앙으로 선택하는 이들은 아트만(Atman)이라는 우주의 궁극적 실재에 집중한다. 모든 존재의 근원인 그것은 불변하는 비인격적 개념이다. 하지만 그 결과로 그들은 개개인—예컨대 불가촉천민인 달리트(Dalit)—의 지고한 가치의 근거를 결코 찾을 수 없다. 힌두교 세계관에는 일개 달리트의 가치와 존엄성이 아예 존재하지 않는다. 세계관이 범신론적이고 일원론적이라서 그것이 흐려지고 배제된다. 이 세계관에 따르면 자신의 개성에 집중하는 사람은 환영의 세계에 빠진 것이다. 그래서 자유 내지 **해탈은 개인이 되는** 자유가 아니라 개성에서 **벗어나는** '해방'이다.

마찬가지로 무신론이나 세속주의 세계관을 선택하는 이들은 오감의 세계에 대해서는 사뭇 공정하다. 그러나 물질세계의 지금 여기에 집중하다 보니 오감과 과학의 범위 안에 스스로 갇혀 버린다. 오감과 과학의 세계 너머의 모든 것과 초월에 대해서는 귀가 막혀 있다는 뜻이다. 완전히 세상 바깥에서 오는 계시에 대해서는 말할 것도 없다. 유물론자와 자연주의자와 세속주의자는 동굴 벽에 어른거리는 그림자만 볼 뿐 바깥의 햇빛은 보지 못한다. 아인슈타인이 말한 천체의 음악도 다른 사람들은 듣는데 그들은 듣지 못한다. 그들의 세계관 때문에 그것이 불가능하다.

세속주의 세계관은 그리스 신화 속의 여관 주인인 프로크루스테스의 침대와 같아서 무엇이든 자체 기준에 맞지 않으면 잘라내 버린다. 그래서 플라톤이 말한 동굴에 머물며 만족하는 수감자에게는 햇빛과 음악이 아예 존재하지 않는다. 찰스 다윈이 생애 말년에 서글프게 고백했듯이, 그는 한때 즐겨 듣던 헨델의 "메시아"를 점점 더 감상할 수 없게 되었다. 그 음악의 아름다움과 의미가 그의 자연주의적 세계관에 더는 맞지 않았던 것이다. 파스칼은 무신론자의 근시안 문제를 이미 간파하고 『팡세』에 "이해할 수 없다 해서 무조건 존재하지 않는 것은 아니다"라고 딱 잘라 말했다. 무신론자에게만 존재하지 않는 것처럼 보일 뿐이다.

　다시 말해서 지식에 대한 우리의 관심은 지식의 내용에 늘 영향을 미친다. 관심사에 따라 경험하는 실재가 늘 달라지는 것과 같다. 정신과 의사 이언 맥길크리스트가 뇌 연구로 예시했듯이 산은 산이고 산이다. 거트루드 스타인의 장미처럼 말이다("장미는 장미고 장미며 장미다"라는 시구를 가리킨다-옮긴이). 하지만 그것이 전부는 아니다. 어떤 렌즈로 보고 경험하느냐에 따라 산의 의미는 사람마다 아주 다를 수 있다. 그리스의 이교도에게 올림포스산 같은 산은 신들의 처소일 수 있다. 세계를 항해하는 포르투갈의 선원에게 산은 뭍을 알리는 표지일 수 있다. 남아프리카공화국의 광부에게 산은 보화와 같다. 폴 세잔 같은 프랑스의 화가에게 산은 다음번 화폭의 주제가 된다. 19세기 영국의 등반가에게 마테호른 같은 알프스 정상은 그저 거기 있기에 올라가야 할 도전이다.

　해답의 때인 추구 2단계가 구도자에게 그토록 결정적인 이유가 여기서 확연히 부각된다. 구도자가 특정한 해답에 처음 끌리는 순간부터 그 해답은 그가 세상을 보는 방식에는 물론이고 이 해답에 끌리는 그의 세계에도 영향을 미친다. 언뜻 보기에 이 단계에서 관념에 대한 구도자의 관심은 다양한 신앙과 관념에 대한 이론적 저울질로만 보일 수 있다. 그러나 속에는 더 깊은 진지함이 숨어 있다. 단지 관념만 걸려 있는 것이 아니다. 일단 받아들여지면 그 관념은 신념이 되어 구도자의 경험을 든든히 떠받치고 경험의 성격까지도 결정지을 수밖에 없다.

잠재적 해답은 당장은 아직 관념에 불과하지만, 그대로 선택해서 믿으면 그것이 신자로 변한 구도자의 삶을 구석구석 빚어내므로 그 영향이 평생 간다. 힌두교도와 불교도가 살아가는 집―세계관―은 유대교도와 기독교도가 살아가는 집과는 완전히 다르며, 이 둘은 무신론자와 자연주의자가 살아가는 집과는 또 다르다. 첫 번째 부류에게는 삶의 모든 것 배후에 존재의 비인격적 근원이 놓여 있고, 두 번째 부류에게는 하나님 아버지가 계시며, 마지막 부류에게는 결국 우연과 필연뿐이다. 이 차이가 차이를 낳고 선택은 결과를 부른다. 말할 것도 없이 이것은 개인에게만 아니라 사회에도 해당하며, 자유와 정의 같은 주제에도 천지 차이를 낳는다. 이 책의 주제인 개인의 의미 추구는 사적인 문제지만, 사회에 적용되는 공적인 의의도 똑같이 절박하다.

공정하게 말해서 이런 결정적 차이가 늘 금방 눈에 띄지는 않는다. 신앙과 세계관마다 자명하게 여기는 부분이 있어, 종종 그것 때문에 신앙과 세계관끼리의 차이는 물론이고 그것이 낳는 차이까지도 가려져 보이지 않게 된다. 한 관점의 자명한 부분 때문에 나머지 관점은 자동으로 우습거나 터무니없어 보인다. '우리는 그렇게 보지 않기' 때문이다. 예컨대 서구인의 상식으로는 외부 현실이 자명한 실재지만, 힌두교도에게는 실재를 환영으로 보는 마야(maya) 개념이 똑같이 자명하다. ("꿈속의 내가 나비가 되기도 하는 판에 생시의 나는 꿈꾸는 중인 나비가 아닌 줄을 어떻게 아는가?") 그래서 이 두 세계관의 중요한 차이 중 하나로, 서구의 관점—더 정확히는 유대교와 기독교의 세계관—은 현대 과학을 낳았지만 힌두교 세계관은 그러지 못했고 그럴 수도 없다. 차이가 차이를 낳는다. 차별 금지와 관용을 빙자하여 이런 차이를 분간하거나 평가하지 않는 것은 어리석은 일이다. 마찬가지로 개인에게 자명해 보이는 부분도 공정한 비교를 어렵게 만든다.

비교를 통해 이루어진다

셋째, 추구 2단계는 본질상 비교(comparative)를 통해 이루어진다. 현대 세계에 매물로 나와 있는 해답이 많으므로 비교는 필수다. 많은 판매원이 순진하고 열심인 이들에게 자기네 제품을 팔려고 소리친다. 더 알아보지 않고 처음 마주친 해답을 덥석 수락하는 구도자는 분명히 어리석다. 지원할 대학들을 따져 보는 입시생이나 주택을 구입하려는 젊은 부부처럼, 지혜로운 구도자는 모든 대안과 그 결과를 비교하고 검토하고 평가하여 최종 판단을 내려야 한다. 추구 2단계에서는 의미의 오른팔 노릇을 하는 상상력의 역할이 중요하다. 구도자는 이렇게 자문한다. "세상이 그런 곳이라고 확신한다면 무엇이 달라질까? 그것으로 내가 생각하고 살아나가는 데 충분할까?" 다만 비교에도 그 나름의 문제는 있다. 그래서 요즘은 비교라는 개념 자체에 대한 반론이 많다.

첫째, 포스트모던 시대에는 확정적 선택이 배타와 불관용처럼 보이기 때문에 비교는 혐오감을 준다는 것이다. 어떤 학생은 내게 이렇게 이의를 제기했다. "비교는 비열하게 자신을 높이는 행위입니다. 자신의 키가 더 커 보이게 하려고 다른 사람들의 머리통을 잘라 내는 일입니다."

둘째, 비교는 상대주의를 부추길 뿐이므로 위험하다는 것이다. 옥스퍼드의 교목을 지낸 로널드 녹스는 "비교 종교학은 사람들을 비교적 종교적이 되게 한다"라고 꼬집었다.

셋째, 반론에 따르면 모든 세계관은 어떤 면에서 진리고, 신앙과 의미에 이르는 정당한 길이며, 찾을 마음만 있다면 어차피 그 모두의 배후에 공통분모가 있다. 그런데 비교는 그 점을 보지 못하기 때문에 잘못이라는 것이다.

넷째, 정확한 비교란 불가능하기 때문에 비교가 부질없다는 것이다. 인생은 짧고 한 번뿐이다. 매물로 나와 있는 모든 세계관을 자세히 알아보려면 인생을 세 번은 살아야 할 것이고, 그 일을 제대로 하려면 억만장자의 재산이 필요할 것이다.

오늘의 세상에 신앙과 인생철학이 거의 무수히 많음은 의문의 여지가 없는 사실이다. 그러니 구도자는 그것을 어떻게 다 알아보고 평가할 것인가? 가능한 답이야 얼마든지 많지만, 다행히 두 가지 요인이 진지한 구도자의 선택 폭을 좁혀 준다. 첫째, 구도자마다 질문이 특정하므로 검토해야 할 질문의 수가 확 줄어든다. 둘째, "신앙 군(群)"이 크게 세 가지뿐이므로 선택지가 무난한 규모로 축소된다.

답을 어디서 찾을 것인가?

신앙 군을 언급하면 오늘날 답을 어디서 조사할 것인가라는 질문이 제기되고, 이 질문은 추구의 한 흔한 걸림돌을 환기시킨다. 책 첫머리에 말했듯이 삶의 의미를 진지하게 추구하지 못하게 막는 가장 큰 장애물 중 하나는 만연한 안일과 냉소다. 발전된 현대 세계가 워낙 풍요롭고 편리하다 보니 신앙이나 의미나 가치에 거의 혹은 전혀 무관심하게 살아가는 이들이 유례없이 많아졌다. 우리는 위안과 편의와 안전 같은 목전의 사안에서 워낙 부유한지라 신앙과 의미 같은 궁극의 사안은 별로 생각하지 않는다. 발전된 현대 세계가 우리를 데려다 놓은 자리는 대다수 사람이 궁극의 문제를 한 번도 생각하지 않고 그저 살아가는 것만으로도 충분히 편한 곳이다.

부와 권력과 명성이 그보다 더한 유명인들은 한 술 더 뜬다. 성찰하는 삶에 진지하게 임하는 모든 사람 앞에서 그들은 자력으로 충분함을 과시한다. 자기들처럼 살면 신앙이나 의미 따위로 고민할 필요가 없다는 것이다. 화가 프랜시스 베이컨이 그런 사람이었는데, 자력으로 충분하다는 말로 그는 허무주의를 퍼뜨린 셈이다. 그는 명성의 힘으로 어떻게든 모든 인습을 뒤엎고 모든 선을 넘지 않고는 견디지 못했다. 그에게 인생이란 태어나기 전의 무와 죽은 뒤의 무라는 두 공(빈 공간) 사이의 시간이었다. "우리는 무에서 와서 무로 간다"라고 입버릇처럼 인생무상을 주장하던 그에게 이의를 제기한 사람은 거의 없었다. 그는 "이 짧은 막간에 우리는 그저 표류하며 자아를 찾으려 할 뿐이다"라고 말한 뒤, 안경을 추켜올리며 잔뜩 빈정대는 목소리로 이렇게 덧붙이곤 했다. "모든 것이 이렇게 속임수니 우리는 똑똑해지는 게 낫다."

이런 도도한 허세를 듣고 나서 누군들 과도히 진지한 구도자로 비쳐지고 싶겠는가? 빤히 너무 열심히 답을 찾는 사람으로 말이다. 차라리 니체가 말한 "초인"이 되는 게 낫다.

이 초인에게 인생이란 "이유 없이 하는 게임"이다. 베이컨은 "나는 아무것도 믿지 않는데 아침에 일어나는 게 늘 즐겁다.…무에 대한 낙관론이니 미친 소리인 줄은 나도 안다. 내 생각에 삶은 무의미한데 그래도 나를 설레게 한다"라고 말했다. 이런 냉소는 부유하고 유명한 사람들의 지독한 경솔함일 뿐이며, "빵이 없는 이들은 케이크를 먹으면 되지"라던 마리 앙투아네트의 말보다 나을 게 없다.

그렇다면 우리는 어디서 답을 찾을 것인가? 베이컨의 허세에서 적어도 오늘날 궁극의 해답을 예술에서 찾으려는 사람이 거의 없는 이유는 밝혀졌다. 예술에 답이 없다는 사실을 예술 자체가 떠벌린다. 아일랜드의 시인 윌리엄 버틀러 예이츠는 한때 예술에 큰 희망을 품었다. "성직자의 어깨에서 굴러 떨어진 짐을 예술이 짊어지려 하고 있다고 나는 믿는다." 그러나 19세기와 20세기 초에는 예술에 사회적, 철학적 비중이 있었으나 한 세기가 지난 지금은 아니다. 한편으로 예술은 지나치게 엘리트주의로 흘렀고, 다른 한편으로는 너무 급히 부르주아 계급에 충격을 가하고 과거의 규범을 비웃다가 길을 잃었다. 마르셀 뒤샹이 1917년에 발표한 유명한 작품 "샘"(뉘어 놓은 소변기)은 예술의 개념 자체를 전복했다. 그 이후로 누구라서 무엇이 예술이고 무엇이 예술이 아니라고 말할 것인가? 아무깃이나 다 예술이 될 수 있으나 그런 예술은 삶의 의미를 담아내기에는 그다지 중요하지 않다.

더 놀랍게도 이제 대다수 사람이 전처럼 과학에서 해답을 찾지 않는다. 과학과 과학적 방법은 많은 현대인에게 궁극의 권위지만, **방법**의 질문에 답하는 데는 훌륭하고 필수인 그것이 삶의 근본 **이유**를 다룰 재간은 없다. 비트겐슈타인은 많은 사람을 대변하여, "과학적 질문에 **모두** 답한 후에도 삶의 문제는 전혀 손대지 못한 채로 남아 있을 것이다"라고 결론지었다. 스페인의 철학자 호세 오르테가 이 가세트의 생각도 같았다. "과학으로 우주가 다 설명될 때까지 삶을 방치할 수는 없다. 준비될 때까지 미룰 수 없는 게 삶이다." 과학은 인간의 삶에 매우 귀중하고 필수적인 것이지만, 그 자체로는 삶의 의미에 답해 주지 않으며 답할 수도 없다.

더 뜻밖일지 모르지만 이제 많은 사람이 철학도 삶의 의미에 답할 수 없고 아마 답한 적도 없다고 인정한다. 철학자들을 종종 "바보"라 칭한 극작가 유진 오닐만큼 부정적인 사람은 별로 없겠지만, 저명한 철학자인 레셰크 코와코프스키 같은 이들이 시인하듯이 철학은 3천 년 동안 많은 질문과 유용하게 씨름해 왔으나 결국 합의된 확답을 하나도 내놓지 못했다. 철학은 사고에 대한 명쾌한 사고력을 기르는 데는 부정할 수 없는 고유의 장점이 있으나, 삶의 의미에 대한 확실한 길잡이로서는 턱없이 부족하다.

세 가지 신앙 군

결국 삶의 의미에 대한 가장 깊고 영속적이고 만족스러운 답이 신앙 군에 있다는 데는 의문의 여지가 없다. 동서고금을 막론하고 사람들은 그렇게 대별되는 신앙이나 세계관이나 인생철학 안에서 살아왔다. 이런 굵직한 세계관만큼 포괄적인 것은 없다. 궁극의 문제에서 눈앞의 현안까지, 방법에서 이유까지를 두루 아우르니 말이다. 물론 삶의 의미에 대한 설명은 신앙 군마다 크게 다르다. 그래서 비교해서 선택해야 한다. **신앙 군**이라는 표현은 우주 실재의 궁극적 기원에 대한 관점이 같다는 점에서 서로 비슷한 종교와 세계관을 가리킨다. 그렇게 보면 오늘날 세상의 신앙 군은 크게 세 가지다.

첫째는 힌두교와 불교와 뉴에이지 운동을 포함하는 동양 신앙 군이다. 이들에게 실재의 궁극적 기원은 비인격적 존재다. 둘째는 무신론과 불가지론과 자연주의와 유물론을 포함하는 세속주의 신앙 군이다. 이들에게 실재의 궁극적 기원은 우연이거나 우연과 결정론이다. (리처드 도킨스의 표현으로 우주는 "우연한 행운"의 산물이다.) 셋째는 유대교와 기독교와 이슬람교를 포함하는 아브라함 계통의 신앙 군이다. 이들에게 실재의 궁극적 기원은 모든 것 바깥에 계시는 **인격적이고 무한**

하신 창조주다. 그 하나님을 유대교인과 그리스도인은 **야웨**라 칭하고 무슬림은 **알라**라 칭한다. 물론 신앙 군끼리 못지않게 각 신앙 군 내에도 아주 중요한 차이가 있다.

"사상은 결과를 낳는다"라는 리처드 위버의 경구는 오늘날 널리 용인된다. 그런데 "신앙은 결과를 낳는다"라는 말도 문명사에 있어서 똑같이 명확한 사실임에도, 이상하게 사람들은 세속 문화가 낳은 근시안 때문에 이를 인정하지 않는다. 사실 후자의 증거야말로 전자의 가장 확실한 증거다. 예컨대 인간의 존엄성과 거기서 파생되는 인권에 대한 서구의 관점은 두말할 것도 없이 유대교가 준 선물이다. 두 개념 모두 인간이 "하나님의 형상을 따라 하나님의 모양대로" 지어졌다는 창세기의 선언에서 직접 유래했다. 하나님의 형상대로 창조된 우리 인간은 그래서 늘 그분과 관계된 **고차원**의 존재로 정의되어야 한다. 인간이 **저차원**의 존재(예컨대 "도구 제작자", "이기적 유전자", "털 없는 원숭이", 동물, 기계)로 정의될 때마다 우리는 그 자아상에 만족하지 못하고 어느새 좌절감을 맛본다. 사상사에서 보듯이 동양 신앙 군이나 세속주의 신앙 군에서는 인간의 존엄성과 인권이 전혀 파생되지 않았고 그럴 수도 없다. 그런 세계관은 인간이 가치 있는 존재라는 근거를 내놓지 못한다. 세상이 진리에서만 아니라 점점 더 인권에서도 탈피하는 쪽으로 치닫는 지금, 이것은 깊이 생각해 볼 만한 주제다.

놀랍게도 자유라는 개념도 마찬가지다. 인생을 지배하는 것이 바빌로니아인에게는 별이었고, 그리스인에게는 모이라(moira) 즉 운명이었고, 현대 세속주의자에게는 우연과 필연이다. 이런 철학이나 거기에 기초한 문명에는 인간이 자유로운 존재라는 근거가 없다. 자유도 거의 독보적으로 유대교가 주고 기독교가 지켜 온 선물이다. 초월자 하나님은 주권적이고 자유로우신 분이며, 모든 방해와 대적에도 불구하고 자신의 뜻대로 행하신다. 하나님의 형상과 모양대로 지어진 우리 인간도 선택의 재량을 지닌 중요한 존재다. 우리는 언제든지 선과 삶을 택할 수도 있고 악과 죽음을 택할 수도 있다.

여러 신앙의 주된 차이로부터 역사와 문명의 주된 결과가 사방팔방으로 흘러나온다. 물론 지금 우리의 초점은 구도자 개인에게 있다. 구도자는 말한다. "내 관심사는 역사나 문명이 아니다. 나는 내 질문에 대한 충분한 답을 원한다." 이론적으로 그 관심사는 구도자의 수만큼이나 많을 수 있다. 내 경험으로 보아 신앙 군의 차이를 가장 강하게 부각시켜 주는 두 가지 이슈는 인간의 가치의 문제(자연히 목적과 성취도 포함한다)와 악과 고난의 문제다. 나아가 시간, 자유, 정의, 용서, 공동체 등 여러 다양한 주제에서도 차이가 확연히 드러난다. 구도자를 떠미는 이슈가 무엇이든 그것을 세 가지 신앙 군의 렌즈로 보면 결과는 판이하게 갈린다. 어떤 신앙과 세계관으로 이해하느냐에 따라 실재, 진리, 시간, 역사, 자유, 정의, 평등, 용서, 평화가 모두 달라진다. 각 경우마다 **대조법은 명료성의 어머니다**.

선택의 차이가 이처럼 극명하게 대비되지만, 많은 구도자에게 그런 이슈는 전혀 중요하지 않을 수 있다. 구도자의 질문은 훨씬 더 개인적일 수 있다. 우주의 배후에 인격체이자 심지어 아버지이신 하나님이 계실까? 집요한 죄책감을 어떻게 해결하고, 깨어진 관계를 어떻게 봉합할 수 있을까? 억울한 이들에게 결국 정의가 시행될 근거가 있을까? 이제껏 다짐만 남발했어도 다시 일어날 희망의 근거가 있을까? 중요한 것은 각 구도자가 심중의 특정한 질문을 알고 추구할 수 있다는 점과 충족한 답을 찾아낼지 여부다.

요컨대 신앙과 의미 추구의 2단계 전체에서 중요한 것은 깨달음과 충족성이다. 당신이 구도자로서 따져 볼 수 있는 특정한 신앙은 당신의 질문에 답해 주는가? 어둠을 밝혀 주는 스위치처럼, 자물쇠에 꼭 맞는 열쇠처럼 답해 주는가? 그래서 당신의 인생길에 불이 환하게 켜지고, 전진할 만한 근거가 확실히 제시되는가? 대조법은 명료성의 어머니지만, 이 단계의 목표이자 꼭 필요한 것은 깨달음과 충족성이다.

질문의 때는 자연히 해답의 때로 이어져 거기서 의문이 해소된다.

7장

확인해 보라

3단계—검증의 때

추구 3단계의 울타리에는 "지뢰 조심"이라는 경고문을 똑똑히 써 붙여야 한다. 이 단계는 논란에 둘러싸여 있으나 사실은 중요한 만큼이나 단순하다. 2단계가 1단계에 따라 나오듯 3단계도 2단계에 자연히 따라 나온다. 지금까지 구도자는 자신의 질문이 무엇인지에 따라 특정한 신앙 군의 해답에 더 끌렸고, 그중에서도 가장 충족한 해답이라 생각되는 하나의 신앙으로 끌렸다. 이제 자연스럽게 이런 질문이 따라온다. 이 신앙은 참(진리)일까? 3단계는 **검증의 때**다. 물론 그 신앙은 깨달음을 줄 수 있고, 충족한 해답처럼 멋져 보일 수 있다. 하지만 그렇게 믿을 만한 근거가 있을까, 아니면 멋만 있지

허구의 신앙일까? 3단계는 철학에서 말하는 정당화, 과학에서 말하는 입증 또는 반증, 법정에서 말하는 실사에 해당하며, 일상 용어로는 그저 확인해 보는 일이다. 속고 싶은 사람은 아무도 없다. 매수자 위험 부담의 원칙("사는 쪽에서 조심할 것")은 물건을 구입할 때만 아니라 구도자에게도 해당한다.

믿어야 할 최종 근거

추구 2단계의 초점은 깨달음과 충족성이므로 상상력이 중요한 역할을 했지만 결단은 애써 피했다. ("나는 아직 결단할 준비는 되어 있지 않지만, 이 신앙 또는 저 신앙을 믿으면 그게 내 질문의 답이 될까?") 3단계에서는 이런 태도가 확 바뀐다. 이제 주안점이 진리 탐구에 있으며, 상상력 대신 이성이 중요한 역할을 한다. 빈틈없는 신중한 이성과 추론으로 진리와 실재의 관계를 밝혀야 한다.

3단계는 구도자에게만 아니라 신앙 변증자에게도 유난히 더 중요하다. 충족성은 구도자에게 늘 중요한 문제지만 진리도 그렇다. 그런데 포스트모던 시대에 진리가 덜 주목받는 데는 분명한 이유가 있다. 진리, 객관적 도덕 지식, 심지어 실재 자체를 대놓고 부정하는 것이 포스트모더니즘의 핵심이다. (극단적인 경우 인체라는 실재와 생불학마지 경시한 채 자신에 대한 각자의 느낌을 앞세운다.) 이 관점에 따르면 신은 죽었고 진리도 죽었으며 모든 것이 상대적이다. 전부 다 어느 입장에서 어떻게 보느냐의 문제고 시각과 권력의 문제다. 실재 자체도 상대적 개념이자 사회적 구성물일 뿐이다.

이런 관점을 옹호하는 이들의 이의 제기에는 더 치밀한 답이 요구된다. 하지만 지금은 이 정도의 말로 충분하다. 즉 흔히 목청껏 외치는 "절대 진리란 없다"라는 표현은 이중의 오류를 안고 있다. 그 자체가 자가당착일뿐더러 바로 그 주장을 받아들이지 말라는 공공연한 권고이기도 하다. 진리란 없다고 주장하는 사람은 우리에게 자신의 그 말을 믿지 말라고 대놓고 말하는 셈이다. 그러니 철학자들의 말마따나 그런 사람의 말은 그대로 접수만 하고 믿지는 말라.

사실 진리는 더없이 중요하다. 삶과 우주에 실재가 엄연히 존재하기 때문이다. 진리의 관건은 실재다. 진리의 핵심이 불변의 사실과 실재이기에 진리라는 개념과 진리 주장은 매우 중요하다. 다시 말하지만 **믿을 만한 진리는 바로 실재의 실재성이다**. 진리가 아닌 모든 것은 실재에 어긋나고, 실재가 아닌 거의 모든 것은 창작 예술 같은 영역을 제외하고는 행복한 삶에 재앙을 부르며 성찰하는 삶에는 더 말할 것도 없다. 거짓말, 기만, 망상, 광기, 불신, 의혹, 비참하게 무너진 신뢰와 자유 등이 그에 해당한다. (가짜 뉴스, 음모론, 평생 감시 등의 개념은 모두 포스트모더니즘의 동지요 혈육이다.)

사고하는 이들이 무언가를 자발적이고 책임감 있게 믿기로 할 때 단 하나의 최종 근거는 그것이 진리라는 확신이다. 따라서 실재에 부합하는 합리적 신앙이라면 진리에 기초해야 하고, 그런 진리 주장은 누구나 원하면 조사하고 검토할 수 있도록 열려 있어야 한다. 기독교 신앙은 특히 더 말할 것도 없다. 기독교 신앙의 기초는 진리의 하나님에 대한 믿음이고, 그분의 말씀은 진리며, 그분의 백성은 진리의 백성이 되도록 부름받았다. 그래서 진리 주장은 그리스도인에게 매우 중요하다. 기독교 신앙이 진리를 자처할 때의 진리란 곧 그것이 실재에 완전히 부합한다는 의미다. 진리라면 아무도 믿지 않아도 여전히 진리고 허위라면 모두가 믿어도 여전히 허위라는 의미다. 기독교 신앙의 주장은 누구나 조사할 수 있도록 늘 열려 있으며, 솔직한 질문에 금기란 없다. 예수가 첫 제자들에게 "와서 보라"고 말한 것과 같다. 직접 확인해 보라는 뜻이다.

그뿐 아니라 오늘날 신앙에서 진리의 자리가 중요한 이유는 또 있다. 진리는 모더니즘과 포스트모더니즘이 쏟아 내는 신앙 배격론을 막는 가장 확실한 방패다. 현대의 많은 신자는 진리의 문제를 건너뛴다. ("나는 문제가 있는데 신앙이 답이라서 하나님을 믿는다.") 그들이 진리의 빈자리를 메우려고 자신도 모르게 동원하는 정당화는 이해는 되지만 불충분하다. 경험이나 효험에 근거해 하나님을 믿기 때문이다. "내 마음속에 하나님이 느껴진다." "내가 하나님을 믿는 이유는 기도가 응답되었기 때문이다." 또는 문명과 건강한 사회에는 어차피 종교가 필요하다는 대략 그런 취지다. 이런 신앙은 진실할 수는 있으나 진리에 대한 탄탄한 확신이 없기 때문에 늘 의심에 빠지거나 버려지기 쉽다. 잘못된 신앙으로 변하기도 너무 쉽다. 진리여서가 아닌 다른 이유로 믿기 때문이다.

이 모든 부실한 신앙 표현과는 사뭇 대조적으로, 체스터턴의 표현으로 열쇠가 "자물쇠에 꼭 맞는" 순간이 있어야 한다. 이것이 그를 비롯한 허다한 그리스도인이 기독교 신앙을 믿는 이유다. 기독교 신앙은 누구에게도 이것이 통하니까 진리로 믿으라 하지 않는다. 오히려 구도자에게 이것이 진리로 납득되는지 확인하게 하고, 진리라서 범사에 멋지게 통한다는 것을 깨닫게 한다.

분명히 진리는 오늘날 까다로운 문제다. 진리가 이렇게 논란거리로 변한 많은 이유를 생각해 볼 수 있다. 누군가는 오늘의 회의론이 이성에만 기초하여 확신으로 몰아가려던 어제의 무리한 욕심의 뻔한 결과임을 알아야 한다. 합리론은 불합리를 낳는다. 또 누군가는 진리와 객관적 실재에 대한 유대교와 기독교의 관점은 영원히 유행이 지나지 않지만 회의론은 결코 오래갈 수 없으며, 사업과 과학과 언론과 정치와 무엇보다 대인 관계 등 인간 만사에 진리와 신뢰와 신임이 필수임을 인식해야 한다. 가장 중요하게 예수의 주장과 복음을 직접 조사해 볼 것을 모든 구도자에게 권면해야 한다. 그렇게 해야 기독교 신앙을 진리로 믿을 최종 근거를 확신할 수 있다. 이 신앙은 자물쇠에 꼭 맞는 인생의 열쇠이자 실재에 부합하는 진리로 자처한다.

사실이 서로 맞아드는가?

진리 문제를 피해 가는 두 가지 대등하고도 상반된 방식이 있고, 진리를 조사하는 접근법도 크게 두 가지다. 한편으로 어떤 이들은 진리의 기준을 그 누구나 무엇도 통과할 수 없을 정도로 무리하게 정한다. 무엇이든 진리로 받아들여지려면 먼저 시험을 거쳐야 한다는 것이다. 하지만 그 시험은 어떻게 시험할 것인가? 그 시험을 통해 진리가 확증될 수 있음을 어떻게 아는가? 그러려면 다른 시험이 필요하고, 그것을 시험할 또 다른 시험이 필요하고, 그렇게 끝없이 계속된다. 확신을 얻으려는 추구는 머잖아 순환 논리에 빠져 회의와 절망에 떨어진다. 시험으로 진리를 확증할 수 없듯이 매사를 회의하며 살아가는 것도 똑같이 불가능하다. 사고가 가능하려면 일단 무언가를 신뢰하고 들어가야 한다. 그렇다면 무엇을 왜 신뢰할 것인가?

다른 한편으로 어떤 이들은 이 문제를 아예 외면한다. 마음이 끌려서 믿는 것이지, 증거가 많든 적든 무슨 상관이냐는 것이다. 이렇게 행동하는 종교 신자들이 있다고 앞서 말했지만 꼭 종교 신자만 그런 것은 아니다. 불합리의 사례는 세속주의자에게도 있다. 찰스 다윈이 1859년에 그의 형 이래즈머스에게 『종의 기원』을 보냈을 때, 형은 열광하며 답장을 썼다. "이제까지 읽어 본 가장 흥미로운 책이다." 자연도태가 어찌나 솔깃한 이론이던지 그는 요소요소에 증거가 없는데도 개의치 않고 이렇게 썼다. "사실이 서로 맞아들지 않을수록 정말 더 심각한 문제다. 여기서 사실이란 곧 내 감정이기 때문이다."

하버드의 생물학자 리처드 르원틴도 「뉴욕 리뷰 오브 북스」의 기사에서 증거에 대한 비슷한 태도를 보인 것으로 유명하다. 그는 자신과 같은 자연주의 과학자들은 "유물론에 이미 헌신되어 있어" 특정한 입장이 상식에 어긋나도 선뜻 수용한다고 썼다. "우리가 현상계에 대한 유물론적 설명을 받아들이는 것은 과학의 방법에 설득되어서가 아니다." 반대로 "유물론적 원인을 선험적으로 고수하다 보니 유물론적 설명이 나올 만한 조사 장치와 개념 일체를 만들어 낼 수밖에 없다. 그것이 아무리 직관에 반하고 아무리 초심자를 어리둥절하게 해도 상관없다. 게다가 그 유물론은 절대적이다. 문간에 신의 발을 들여놓아서는 안 되기 때문이다."

문간에 신의 발을 들여놓아서는 안 된다고 했던가? 다윈의 형이 보인 맹신과 이 생물학자의 편협성은 본인들의 고백인 만큼 틀림없는 사실이다. 분명히 진리와 증거와 개방성과 조사는 이런 진화론자에게 주된 고려 사항이 아니다. 그러면서 문간에 신의 발을 들여놓아서는 안 된다는 것이다. 그것을 예수의 부활에 대한 사도 바울의 글과 비교해 보라. "그리스도께서 만일 다시 살아나지 못하셨으면 우리가 전파하는 것도 헛것이요 또 너희의 믿음도 헛것이며"(고린도전서 15:14). 존 업다이크도 "부활절 7연"이라는 시에 똑같은 요지를 강조했다. 부활에 대한 진리는 둘 중 하나일 뿐 조건과 예외는 없다는 것이다. 몸의 부활은 발생했거나 아니거나 둘 중 하나다. "죽었던 세포가 되살아나고 분자가 재결합하지 않았다면…교회는 설 수 없다."

신앙을 은유와 비유인 양 말해서 하나님을 조롱하고 우리 자신을 속이지 말자고 업다이크는 역설했다. 예수는 시간과 공간 속에서 실제로 부활했거나 아니거나 둘 중 하나다. 기독교 신앙의 존폐는 그 주장이 진리인지 여부에 달려 있다. 예수가 부활했다는 증거가 모든 주장의 버팀목이다.

거시적 접근과 미시적 접근

믿을 내용을 조사하여 증거와 일치하는지 알아보는 방법은 크게 두 가지다. 둘 다 정당하며 그중 어느 쪽을 선호할지는 주로 각 사람의 사고방식에 달려 있다. 우선 거시적 접근은 세계관의 근간을 이루는 여러 진리 주장이 전체적으로 어떻게 맞물려 있는지를 평가하는 것이다. 진리 주장끼리 일맥상통하는가? 우리가 믿는 실재에 부합하는가? 많은 사람의 생각과는 반대로, 이런 식의 평가를 과학에서도 볼 수 있다. 예컨대 프톨레마이오스의 천동설과 코페르니쿠스와 갈릴레오의 지동설 사이에 오랜 세월 공공연한 대립이 있었다. 알다시피 승자는 둘 중 더 많은 질문에 답하고 더 많은 사실을 통합한 거시적 이론이었다.

G. K. 체스터턴이 신앙에 이른 여정도 거시적 사고방식을 중심으로 이루어졌다. 기억하겠지만 미술 대학에서 그의 사고는 어둡고 비관적인 인생관 쪽으로 이끌렸다. 그러다 "한 송이 민들레꽃이 그를 그 자리에 멈춰 세웠다." 어둠 속에도 아름다움이 있었다. 비관적인 그인데도 살아 있음이 못내 감사했다. 하지만 그에게 필요한 것은 근거 없는 낙관론 이상이었다. 그래서 그는 구도자가 되어 어둠과 빛, 비관과 희망을 공히 설명해 줄 신앙을 찾아 나섰다. 자신이 경험으

로 아는 실재의 양면성이 기독교 신앙에 통합되어 있음을 깨닫고 그는 전율을 주체할 수 없었다. "기독교는 우주에 대해 너무 낙관적이라는 비난과 세상에 대해 너무 비관적이라는 비난을 동시에 받았다. 이 공존이 갑자기 나를 얼어붙게 했다." 알고 보니 그 이유는 창조와 타락이라는 쌍둥이 진리를 아우르는 성경의 이중 초점 인생관에 있었다. 이 관점은 삶의 아름답고 그야말로 경이에 찬 부분을 인정함과 동시에, 자꾸 심히 나빠지는 부분도 설명해 주었다.

체스터턴의 전율은 추구 과정에서 고조되다가 마침내 "형언할 수 없는" 경험의 순간에 이르렀다. 그는 마치 거대하고 다루기 힘든 두 기계 앞에서 평생 허둥거린 것 같았다. 그런데 하나에는 큰 돌기가 있고 하나에는 큰 구멍이 뚫린 그 둘이 갑자기 서로 완벽하게 맞아들었다. 나중에 그는 『정통』에 이렇게 썼다. "그때부터 이상한 일이 벌어졌다. 일단 두 기계의 그 두 부분이 맞물리자 다른 모든 부분도 차례로 하나씩 섬뜩하리만치 정확하게 끼워졌다. 전체 기계의 톱니마다 제자리에 걸리는 딸깍 소리가 안도의 소리처럼 들렸다. 한 부분이 제대로 조정되니 다른 부분도 다 그 조정을 되풀이하여 마치 시계마다 일제히 정오를 치는 것 같았다." 커다란 퍼즐 맞추기의 마지막 몇 조각이 마침내 제자리를 찾듯이, 기독교 신앙의 옷본과 우주의 재형이 서로 꼭 맞아든 것이다.

초월의 신호가 체스터턴의 지독히도 비관적인 사고에 충격을 가했다. 처음에는 살아 있음에 감사하는 정도였지만, 이제 그의 즐거운 삶과 타고난 정열은 믿음의 확실한 근거를 얻었다. "현대 철학은 거듭 나 자신에게 문제가 없다고 말했으나 나는 그 말에 수긍하면서도 우울했다." 그러나 "내게 문제가 있다"라는 말을 들은 뒤로는 "내 영혼이 봄날의 새처럼 기뻐 노래했다. 이제 나는…집에서도 향수에 젖을 수 있는 까닭을 안다." 거시적 기독교 세계관이 그의 질문에 답해 주었고, 그가 알던 삶과 우주 전체에 완벽하게 맞아들었다.

체스터턴을 그토록 강타한 그것이 다른 많은 사람에게도 설득력을 발휘해 왔다. 유대교인과 그리스도인은 성경의 이중 초점 시각에 힘입어 현실과 희망, 비관론과 낙관론을 한데 융합할 수 있다. 파스칼의 『팡세』에 보면 "인간은 천사도 아니고 야수도 아니지만 천사 행세를 하려는 사람은 불행히도 누구나 야수가 된다"라고 했다. C. S. 루이스는 친구에게 "사실 누구도 인생을 충분히 나쁘게 말하지도 못하고 충분히 좋게 말하지도 못하는 것 같다"라고 썼다. 빅터 프랭클도 비슷하게 "아우슈비츠의 가스실을 만든 것도 인간이지만 주기도문이나 '이스라엘아, 들으라'(신명기 6:4-옮긴이)를 읊조리며 그 가스실에 꼿꼿이 서서 들어간 것도 인간이다"라고 술회했다. 체스터턴의 결론은 깨달음의 순간을 묘사할 때 쾌활했던 정도만큼이나 진지하다. "누가 내게 왜 기독교를 믿느냐고 순전히 지적으로 묻는다면 나는…증거에 근거해 아주 합리적으로 믿는다고 답할 수밖에 없다. 그런데 사실 내 경우의 증거는…어느 한 예증이 아니라 엄청나게 누적된 작지만 전부 일치하는 사실들이다." 기독교 세계관은 그가 알던 삶과 우주에 부합했고, 이 합치야말로 그가 믿는 데 필요한 증거였다.

"선심만은 쓰지 말라"

미시적 접근은 거시적 접근과 크게 다르지만, 제대로 이해한다면 둘은 밀접한 관련이 있으며 어떤 이들은 양쪽을 똑같이 활용한다. 미시적 접근의 가장 유명한 예는 C. S. 루이스의 잘 알려진 이야기다. 이 전형적 사례는 워낙 자주 인용되다 보니 여정의 여타 서사를 압도한다. 마치 모든 사람이 루이스의 선례를 그대로 따라야 한다는 듯이 말이다. 기억하겠지만 "예기치 못한 기쁨"의 경험이 본래 무신론자이던 루이스에게 충격을 가했다. 전쟁의 상흔을 입은 그의 완고한 자연주의 세계관에 초월의 신호가 구멍을 내면서 그 너머의 무언가 또는 누군가를 가리켜 보였다. 그렇게 시작된 추구가

장장 10년도 넘게 이어졌다. 그의 사고는 서서히 무신론에서 이상주의를 거쳐 유신론의 가능성으로 옮겨 갔으며, 이 모든 거시적 고찰까지는 친구들과의 열띤 대화를 통해 이루어졌다. 그들의 마음과 사고는 서신, 산책, 수많은 찻주전자와 맥주잔을 통해 깊어졌다.

결정적 고비는 옥스퍼드 내 매그덜린 칼리지의 자기 방에서 동료와 대화하던 중에 찾아왔다. 독단적인 무신론자로 이름난 동료 교수는 루이스에게 복음서의 역사적 신빙성에 대한 증거가 놀랍도록 탄탄하다면서 추구 과정에서 그것도 들여다보아야 한다고 말했다. 루이스는 깜짝 놀랐다. 하필 무신론자에게서 나온 제안이어서도 그랬지만 자신의 전공 분야 때문이기도 했다. 명색이 문학사가인 그가 그 분야의 다른 고전 문헌을 대하듯 사복음서를 연구한 적은 없었던 것이다.

작정하고 복음서를 문학 비평가로서 읽고 연구하던 루이스는 핵심을 발견하고는 충격에 빠졌다. 결국 그에게 남은 질문은 '예수 그리스도를 어떻게 볼 것인가?'였다. 복음서의 역사성 문제의 핵심은 나사렛 예수의 정체라는 수수께끼다. 열린 마음으로 복음서를 읽는 사람은 누구나 그 문제에 부딪친다. 예수는 그저 메시아를 사칭한 사람이나 기적을 행한 예언자인가, 아니면 그 이상인가? 무엇보다 본문에 예수에 대한 두 가지 중대한 증거가 똑같이 두드러지게 나타나는데, 이 둘을 어떻게 조화시킬 것인가? 한편에는 "그분의 깊고 온전한 도덕적 가르침"이 있었고, 또 한편에는 "이 인물의 아주 섬뜩한 신학적 발언"이 있었다. 루이스가 특히 혼란스러웠던 이유는 복음서를 읽고 연구할수록 분명해지는 다음 사실 때문이었다. 즉 역사상 어떤 위대한 도덕 스승도 신으로 자처하지 않았다는 것이다. 오히려 위대한 스승일수록 그렇게 주장할 소지가 낮다. 그렇다면 공자와 부처와 조로아스터와 소크라테스와 마호메트가 다 마다한 것을 모든 위인 중 가장 위대한 스승이 거듭 주장했다는 사실은 무엇을 뜻하는가? 그것도 신이 인간이 될 수 있다는 개념 자체를 배격하도록 뼛속에까지 주입되어 있던 지상 유일의 민족 앞에서 말이다.

이 문제를 인식한 루이스는 아무리 학식이 뛰어난 동료 교수들도 이 쟁점을 논할 때만은 허술하다는 것을 깨달았다. 그들은 위대한 도덕 스승인 예수 앞에 예를 갖추는 정도로 만족했을 뿐 반대 증거는 무시했다. 본문 비평가인 루이스는 그럴 수 없었고 더 치밀해야 했다. "그분이 위대한 스승이라는 말도 안 되는 선심만은 쓰지 말라. 그분은 우리에게 그런 가능성을 남겨 두지 않으셨고 그럴 의도도 없었다." 예수에 대한 역사적 기록은 확실했고, 이 적나라한 모순을 설명할 이론은 몇 가지뿐이었다.

나사렛 예수는 거짓말쟁이였거나 미치광이였거나 제자들이 꾸며 낸 전설적 인물일 수 있다. 루이스는 자기 앞에 넘쳐 나는 엄청난 증거에 담긴 신비를 해독하기로 작정했다. 그래서 각 가능성을 차례로 저울질한 끝에 이 세 가지를 냉정히 거부했다. 증거에 들어맞지 않았기 때문이다. 마지못해 그는 마지막 남은 가능성을 추적했다. 만일 예수가 자신을 통해 말씀하시는 하나님으로서 말했고 자신 안에서 행하시는 하나님으로서 행동했다면, 분명히 그는 **하나님으로서** 말하고 행동한 것이다. **이스라엘의 하나님 야웨가 친히 권능으로 이 땅에 오신다**는 것은 상상도 못 할 일인데, 예수는 실제로 자신이 하나님의 화신인 양 말하고 행동했다. 이것이 사실이라면 이는 기절초풍할 만큼 충격적인 사건이다. 그런데 모든 사실에 부합하는 결론은 이것 하나뿐이었다. 루이스의 예상 밖이었고 그가 바라던 바는 더욱 아니었다. 한 인간이자 사상가로서 그는 자신의 독립을 중시했고 외부의 간섭을 극도로 꺼렸다.

C. S. 루이스 이야기의 절정과 결론은 마법의 주문인 양 자주 오용되어 왔다. 마치 "거짓말쟁이인가, 미치광이인가, 전설적 인물인가, 아니면 주님인가?"라고 말하는 그 몇 초 만에 신앙을 충분히 변증할 수 있다는 듯이 말이다. 이런 단순화는 터무니없는 구변이다. 이웃집 정원에서 들려오는 한

아이의 두 단어—"톨레 레게"(집어서 읽으라)—를 듣고 변화되었다는 히포의 아우구스티누스의 간증은 유명하다. 체스터턴은 자신이 깨달음을 얻은 대목을 짤막하게 표현했고, 루이스도 이 네 가지 특이한 가능성과 자신의 결론을 한두 마디로 약술했다. 그러나 세 경우 모두 그런 섬광 같은 깨달음은 신앙을 향한 평생의 여정이라는 먼 굽잇길에서 찾아왔다. 대다수 구도자가 그렇다. 섬광 같은 깨달음과 어떤 위력적인 증거가 한순간 분출할 수 있으나, 그것의 기초는 한두 마디 글이나 몇 가지 단발적 사실 이상이다. 머릿속과 마음속에서 그런 순간이 폭발할 수 있는 이유는 논리가 갑자기 삶과 맞닿으면서 배후의 모든 보이지 않는 씨름과 탐색 기간을 하나로 묶어 주기 때문이다. 모든 구도자의 이야기는 다른 구도자에게 감화와 격려가 될 수 있지만, 멀찍한 느낌의 3인칭 서술이 '나와 그분'의 직접 대면으로 바뀌는 순간이 있어야 한다. 그렇게 해야 후발 구도자도 앞서간 구도자가 깨달은 것을 직접 깨달을 수 있다.

이 경우 예수의 정체에 대한 증거를 저울질할 때, 추가로 눈에 들어오는 요인이 있다. 설득력 있는 동일한 증거가 예수의 정체뿐 아니라 또한 그가 아무 일이나 하러 온 것이 아님을 보여 준다. 구도자처럼 그도 분명히 무언가를 찾아다녔다. 그의 사명은 집을 나와 길을 잃은 모든 사람을 찾는 것이었다. 우리가 아버지와 단절되었기에 그가 우리를 집으로 부르러 온 것이다. "네가 어디 있느냐?"라는 물음이 계속 울려 퍼지는 셈이다. 예수는 모든 구도자가 자신에게 응답하고 반응하기를 분명히 바랐다. 사실과 증거와 역사가 모두 요긴한 역할을 하지만, 역시 추구는 개인의 실존적 차원으로 귀결된다. 하나님은 우리의 자유를 존중하시지만 우리가 그분을 찾는 것보다 더 우리를 찾고 계신다.

전제와 증거

『풀'스 톡』에도 설명했듯이 여기서 잠깐 곁들여 주목할 만한 흥미로운 점이 있다. 현대 사상의 가장 부질없는 논쟁 중 하나는 신앙과 좋은 사고가 올바른 전제의 틀에서 기인한다고 주장하는 이들과 탄탄한 증거에서 기인한다고 주장하는 이들 사이의 싸움이다. 지금까지 신앙을 향한 여정을 설명하면서 밝혀졌듯이, 답은 양자택일이 아니라 양쪽 모두며 언제 어느 쪽이 적용되느냐의 문제다. 전제와 증거는 둘 다 구도자의 추구에 중요한 부분이며, 진짜 문제는 언제 어느 쪽에 초점을 두느냐다.

전제와 증거의 관계를 이렇게 생각해 보라. 1단계에 이르기 전까지 사람들은 추구에 조금도 관심이 없다. 이미 믿고 있는 대로 만족하며 나머지 모든 가능성에는 마음이 닫혀 있다. 기존 전제 때문이다. 전제는 이 단계의 중요한 요인이다. 1단계에서 누가 다른 신앙의 증거를 제시하려고 하면, 상대의 흥미를 돋울 수는 있으나 증거 때문에 생각이 바뀌기는 극히 어렵다. 이미 믿고 있는 것이 무엇이든 그 신앙은 전제의 틀로 이루어져 있어 거기에 모순되는 것이면 다 배격한다. 이 단계에서 제시되는 새로운 증거는 아무리 설득력 있고 흥미로워도 별로 힘을 쓰지 못한다.

1단계 이전의 새로운 증거는 마이동풍이 되기 쉽다. 한때 공산주의에 헌신했던 아서 쾨슬러가 시인했듯이 공산주의는 "그의 사고 속에 자동 선별기"를 설치했다. 그는 "내게 못마땅한 것은 무조건 '과거의 유물'로, 내 마음에 드는 것은 무조건 '미래의 씨앗'으로" 분류했다. 처리 방식이 그렇다 보니 아무리 순수한 지적 증거를 접해도 마르크스주의와 공산당에 대한 그의 믿음은 흔들릴 줄 몰랐다. 그의 변화는 세월이 흘러 삶과 역사와 "사건의 지렛대"와 경험을 통해서야 가능해졌다.

그러나 1단계에 이르러 구도자가 되면 모든 것이 달라진다. 삶의 의문에 부딪친 이들은 기존 전제를 버리고 더 나은 새로운 전제를 찾는 과정에 들어선다. 그래서 이제 기존 신념에 덜 얽매이고 새로운 가능성에 더 열려 있다. 기존 전제의 틀로 나머지 모든 개념을 배격하던 것이 더는 통하지 않는다. 이렇게 보면 2단계에서는 전제의 틀이 구도자의 핵심 이슈가 된다. 기존 신념은 답이 되지 않아서 질문에 답해 줄 대안 전제를 찾고 있기 때문이다. 세 가지 신앙 군 중에서 찾다가 만일 어느 한 새로운 신앙을 진리로 전제한다면, 그것이 우리의 세상을 밝혀 주고 질문에 확실히 답해 줄 것인가?

반면에 3단계의 관건은 당연히 증거다. 이 단계에서는 구도자가 증거를 중심으로 생각하는 것이 자연스럽고 매우 중요하다. 기독교 신앙의 경우라면 복음서의 신빙성이나 예수 부활의 역사성에 대한 증거를 예로 들 수 있다. 이제 증거는 한낱 정보가 아니며, 기존 신앙의 틀에 삼켜지는 '기독교적 정보'는 더욱 아니다. 오히려 고려 중인 기독교 세계관의 틀 안에서 온전히 이치에 맞는 사실로 다가온다. 이제 구도자는 마음과 생각을 열고 그 증거를 숙고한다. 3단계에서 기독교의 증거는 구도자가 기독교 신앙의 충족성과 진실성을 조사해 볼 수 있는 탄탄한 기초 역할을 한다.

요컨대 오늘날 진리가 고작 논란거리로 전락했지만, 진리와 증거의 문제를 강조하는 이 3단계를 결코 피해서는 안 된다. 진지하고 책임감 있게 사고하는 사람, 성찰하는 삶을 원하는 사람은 누구도 진리 문제를 피해 갈 수 없다. 예컨대 기독교 신앙을 조사 중인 이들은 누가복음이나 요한복음을 읽어야 한다. 예수가 자신에 대해 말하고 보여 주는 내용을 숙고하면서, 당신 생각에는 그가 누구인지 자문해 보라. 믿음의 최종 근거는 그 믿는 내용이 진리라는 확신이다. 우리의 믿음은 근거가 충분한 확신이어야 한다. 이 경우 예수가 자신의 말대로 하나님이고 주님이라는 확신이어야 한다.

다시 말하지만 추구 3단계의 결론은 단순하다. 진리를 강조하면 난감해지기는커녕 오히려 이것이야말로 다른 모든 패를 이기는 최고의 패다. 누구도 진리가 아닌 것을 믿어서는 안 된다. 유대교와 기독교 신앙보다 더 진리를 진지하게 대하면서 인생관 전체에 지대한 영향을 미치는 신앙은 없다. 하나님이 어떤 분이신지를 그리고 그분을 알고 그분의 뜻대로 살려는 이들에게 무엇을 요구하시는지를 생각해 보면, 기독교 신앙의 존폐는 여봐란듯이 진리 주장에 달려 있다. 그러므로 3단계에서 기독교 신앙이 진리라는 확신에 도달하는 것은 구도자의 여정에 큰 획을 긋는 일대 사건이다. 하지만 이 확신조차도 위대한 추구의 종착점은 아니다.

8장

집으로 가는 길

4단계 — 결단의 때

위대한 추구의 4단계는 신앙과 의미 추구의 절정이자 완성인 **결단의 때**다. 이전 모든 단계의 추구가 자연스럽게 완결되는 순간이다. 장기간이기보다는 순간일 때가 많다. 서로를 알아 가던 커플이 약혼을 결심하는 것처럼, 구도자의 추구도 믿음의 걸음이라는 선택과 결단의 행위로 이어진다. 지금까지 거쳐 온 과정이 있기에, 이 선택은 덮어 놓고 믿는 맹신이 아니라 참으로 믿음의 걸음이다. 이 걸음은 철저히 합리적이며 단 한 순간도 비합리적이지 않다. 다만 분명한 이유에서 이성 이상인데, 그것은 바로 우리 인간이 이성 이상이기 때문이다. 선택의 근거는 신앙의 진실성과 실재성에 대한 견고한 확신이지만, 선택의 주체인 구도자가 전인(全人)인 만큼 사고만 아니라 마음과 의지도 이 신앙을 허락해야 한다.

4단계는 신앙을 향한 결정적 걸음이며, 이로써 삶의 의미를 찾는 문이 열린다. 추구 1단계에서는 의문이 구도자를 낳고 답을 찾도록 떠민다. 2단계에서는 폭넓게 답을 찾다가 의미 있고 충족해 보이는 특정한 답을 만난다. 3단계에서 구도자는 그 답을 꼼꼼히 살피면서 중요한 추가 질문을 던진다. 이 답은 멋있기만 한 것이 아니라 진리인가? 그렇게 믿을 만한 확실한 근거가 있는가? 이 의문이 제대로 풀리면 근거 있는 신앙이 분명히 가능해진다. 그래서 모든 것이 하나로 모아져 4단계에 이른다.

이 마지막 단계는 구도자가 지금까지 전개된 추구의 논리에 따라 최종 선택을 내려야 할 순간이다. 당당히 믿음의 걸음을 내딛어 전진할 것인가? 그동안의 모든 추구 결과대로 확실히 믿기로 결단할 것인가? 아니면 아직도 양에 차지 않거나 꺼려지는가? 돌아서서 다른 데서 답을 찾거나 아예 추구를 포기할 것인가?

전진하여 하나님을 믿는 이들은 "네가 어디 있느냐?"라는 그분의 물음에 "제가 여기 있나이다"라고 확실히 응답하는 것이다. 그들에게 4단계는 신앙이 실재임을 경험하는 순간이다. 이때 구도자는 실제로 하나님을 만난다. 이제 신앙은 단지 관념과 빈말이 아니다. 더는 멀찍이 추상적이지 않고 가깝고도 인격적이다. 실재의 진실성이 구도자에게 한낱 이론이 아닌 경험으로 실감된다. 이전 세 단계에서는 하나님에 대해 말하고 사고했지만 이제 그분을 실제로 안다. 더는 신앙이 단순히 주장의 비교가 아니다. 진리 주장은 그것이 가리켜 보이는 실재에까지 바짝 좁혀 들었고, 그렇게 진리와 실재는 하나가 된다. C. S. 루이스가 말했듯이 "**진리**는 늘 무언가를 가리켜 보이는 손가락이지만 **실재**는 그 손가락이 가리켜 보이는 대상이다." 진리를 알면 곧 실재의 실재성을 아는 것이다. 의문에 떠밀린 구도자의 사고는 답을 찾고자 정찰대처럼 온 땅을 두루 다녔고, 결국 답을 찾아내서 그 답의 충족성과 진실성을 확신하게 되었다. 이제 구도자 앞에 전인적—사고만 아니라 마음과 의지까지 아우르는—도전이 놓여 있다. 실재를 만났으니 전인으로서 책임지고 신앙의 걸음을 내딛어 여정을 마무리해야 하는 것이다.

이성 이상이지만 철저히 합리적이다

믿음의 걸음이 철저히 합리적임을 다시 강조할 필요가 있을까? 이를 되풀이할 만한 유일한 이유는 하나님을 믿는 신앙이 비합리적이라는 요란한 비난 때문이다. 그 비난이야말로 참담하리만치 비합리적이다. 성 아우구스티누스, 토마스 아퀴나스, 아이작 뉴턴, 블레즈 파스칼, G. K. 체스터턴, C. S. 루이스, 마이클 폴라니, 알래스데어 매킨타이어, 앨빈 플랜팅가 같은 위대한 사상가들이 내놓은 압도적 증거에 비추어 볼 때 그렇다. 하나님을 믿는 신앙은 이성에 기초한 걸음이지 결코 맹신이 아니다. 물론 깊은 감정이 수반될 수 있으나 그래도 객관적 실재에 대한 결단이며 순전히 주관적이지만은 않다. 이 책에 개괄된 여정의 각 단계를 각자의 방식과 속도대로 쭉 거쳐 온 사람이라면, 4단계에서 도달한 신앙이 근거 있는 믿음이라는 데 의심의 여지가 없을 것이다.

신앙의 걸음은 철저히 합리적이며 단 한 순간도 비합리적이지 않지만, 그래도 분명히 이성 이상이다. 전인의 헌신이므로 이성 이상이다. 모든 인간은 이성 이상의 존재다. 우리는 지성으로만 아니라 감성과 의지로 생각하고 행동한다. 이 걸음을 내딛을 때 마음이 뜨거울 수 있고, 결단할 때 설레거나 미심쩍거나 망설여질 수 있고, 전진할 때 기쁘거나 눈물이 날 수 있다. 하지만 어느 경우든 결단의 핵심 근거는 여전히 합리적이다. 성 아우구스티누스는 신앙에서 사고가 얼마나 중요한지에 대해 확실히 오금을 박았다. "충분히 생각하지 않는 신앙은 아무것도 아니다"라는 그의 말은 소크라테스가 중시한 "성찰하는 삶"에 상응하는 기독교적 표현이다.

그가 역설한 요점은 사고하려는 구도자에게 엄청난 의미가 있다. 사고는 믿음의 필수 요소다. 믿을 만한 것만 믿어야 하기 때문이다. 이 위대한 북아프리카인의 말은 삼위일체에 대한 논고에 이렇게 이어진다. "생각하는 사람이라고 다 믿는 것은 아니다. 믿지 않기 위해서 생각하는 사람도 많이 있다. 그러나 믿는 사람은 다 생각한다. 믿으며 생각하고 생각하며 믿는다."

기독교 신앙이 본질상 불합리하다는 이 시대의 터무니없는 비난이 있다. 이 신앙이 이성 없는 신념, 모든 이성에 어긋나는 신앙 지상주의, 엉뚱한 근거로 믿는 잘못된 신앙이라는 것이다. 하지만 방금 인용한 아우구스티누스의 말과 철학자로서 치열하게 추구한 그 자신의 사례는 물론이고 이제껏 무수히 많은 사고하는 이들이 이 네 단계 여정을 거쳐 예수를 믿기에 이른 신중한 방식은 그런 비난을 일소하기에 충분하다. 이 비난은 표적을 빗나가도 우스울 정도로 빗나간 중상모략이다. 그런데도 리처드 도킨스 같은 비판자들은 마치 자꾸 말하면 정말 그렇게 되기라도 한다는 듯 동요처럼 그것을 연신 읊조린다. 하지만 지금 비합리적인 쪽은 누구인가? 우리 시대의 가장 해박한 일부 철학 지성들과 역사 속의 가장 해박한 다수의 지성들을 통해 이미 완전히 부정된 지 오래인 틀린 주장인데도, 그 주장을 계속 되풀이하는 사람보다 더 비합리적일 수 있는 것이 무엇이란 말인가?

제대로만 이해한다면 뿌리 깊은 신앙의 합리성은 이중 효과를 낸다. 신앙 지상주의라는 비난을 잠재울 뿐 아니라 지금까지 합리주의가 몰랐던, 이성을 제대로 신뢰할 근거까지 제시한다. 사고하는 그리스도인은 생각한다. 믿으며 생각하고 생각하며 믿는다. 역사의 증거만 보아도 알 수 있다. 이제 비판자도 정직하게 그것을 인정해야 한다. 세 가지 신앙군 사이에 중요한 차이가 있긴 하지만, 세속주의는 합리적인데 기독교 신앙은 비합리적이라는 비난만큼은 중상모략이다. 누구든지 직접 증거를 확인해 보면 그 비난 자체가 합리적이지 않음을 알 수 있다.

단테는 고전 서사시 『신곡』의 지옥 편에서 이성은 날개가 짧다고 말했다. 그런 의미에서 이성은 펭귄과 같다. 펭귄은 당당하고 예쁘고 사랑스러운 새인 반면, 앨버트로스는 새뮤얼 테일러 콜리지의 시 "노수부의 노래" 때문에 온통 부정적 의미를 띠게 되었다("그의 목을 휘감은 앨버트로스"). 하지만 날기에 관한 한 사실 당당하고 사랑스러운 펭귄은 전혀 날지 못하는 반면, 길이가 3.5미터나 되는 날개로 바람을 타고 활공하는 앨버트로스는 바다의 독보적 황제다. 마찬가지로 이성은 삶에 없어서는 안 될 만큼 꼭 필요하며 각종 극찬을 받을 자격이 충분히 있지만, 단테는 알았는데 많은 무신론자는 이해하지 못하는 사실이 있다. 우주의 가장 심오한 이치와 하나님을 아는 일에 관한 한 앨버트로스가 펭귄보다 높이 비상한다. 즉 인간의 상상력과 경험과 사랑은 이성을 활용하되, 이성 자체로는 결코 도달할 수 없는 지점까지 높이 날아올라야 한다. 삶은 여전히 신비를 품고 있지만 하나님을 믿는 이들에게는 신비의 배후 의미가 있다.

뛰어오르는 사자처럼

마지막 단계에서 내딛는 신앙의 걸음은 깊은 사고를 바탕으로 세 가지 중요한 요소를 아우른다. **지식**과 그것이 무르익은 **확신**과 다시 그것이 무르익은 **신뢰**다. 신앙에 지식이 포함되는 이유는 대상에 대해 전혀 모른 채로 믿을 수 없기 때문이다. 신앙에 확신이 포함되는 이유는 신앙의 내용에 끌리는 정도가 아니라 그것이 확실히 진리여야 하기 때문이다. 끝으로 신앙에 신뢰가 포함되는 이유는 신앙이 단지 개념에 대한 확신이 아니라 인격체 곧 하나님에 대한 전인의 헌신이기 때문이다. 여기에는 엄청난 결과가 뒤따른다. 일생을 통틀어 우리가 하나님을 믿기로 결단하고 실제로 그분을 향해 귀향 여정에 오를 때보다 더 자유롭고 능동적이고 책임감 있는 순간은 없다.

시몬 베유는 2차 대전을 앞둔 암울한 시절에 "이 세상에서 우리에게 있는 힘이라고는 '나'라고 말할 힘뿐이다"라고 썼다. 단순하고도 심오한 이 진리는 우리 모두에게 해당하며, 동일한 기본 진리가 추구 4단계에도 작용한다. 우리가 가장 자기다운 순간은 우리 마음과 사고의 가장 깊은 구석에까지 꿰뚫고 들어오는 하나님의 질문—"거기에 네가 있느냐? 준비되어 있느냐?"—을 듣고 "제가 여기에 있습니다"라고 대답할 때다.

나는 유럽인과 케냐 마사이 부족민이 신앙에 대해 나누는 대화를 듣고 신앙의 이 무거운 책임감을 실감했다. 유럽인이 특정한 단어로 신앙을 정의하자 케냐인은 코웃음을 치며 거부했다. 유럽인이 쓴 마사이어 단어는 단순히 '인정'이나 '동의'를 뜻했다. 그는 이 불충분한 단어를 "아주 멀리서 총으로 동물을 쏘는 백인 사냥꾼"에 견주었다. "행위에 가담하는 것은 그의 눈과 손가락뿐이었다." 반면에 부족민이 말한 참된 신앙은 전심전력의 행위였고 사냥하는 사자에 비유되었다. "사자는 코와 눈으로 먹잇감을 찾아낸다. 재빠른 다리로 그것을 따라잡는다. 온몸의 힘으로 무섭게 뛰어올라 앞발로 목을 한 번만 치면 그대로 그것의 숨이 끊어진다. 동물이 쓰러지면 사자는 그것을 양팔[케냐 사람들은 동물의 앞다리를 팔이라 칭한다]로 감싸서 앞으로 낚아 놓고 먹는다.

사자는 이렇게 사냥한다. 인간도 그렇게 믿는다. 이것이 신앙이다."

전인적 신앙을 그렇게 책임감 있게 전격 수용하는 모습을 무신론에서 유신론으로 돌아선 C. S. 루이스의 막바지 여정에서 뚜렷이 볼 수 있다. 초월의 신호로 처음 촉발된 그의 추구는 많은 단계를 거쳤는데, 검증 단계에서 그는 마음을 정하고 결단해야 한다는 묘한 부담을 느꼈다. 자신에게 "전적으로 자유로운 선택의 순간"이 주어졌음을 그는 알았다. 그런데 반대쪽으로 잡아당기는 힘도 강했다. 매그덜린 칼리지에서 헤딩턴 힐의 집으로 가는 2층 버스에 앉아 있는데, 무언가를 저지하고 밀어내는 자신이 느껴졌다. 훗날 회고했듯이 그는 뻣뻣한 옷이나 심지어 갑옷을 입은 기분이었고, 딱딱한 껍질로 자신을 보호하는 바닷가재 같기도 했다. 허물을 벗을지는 전적으로 자신에게 달려 있었다. "내게 자유로운 선택권이 주어졌음을 그 자리에서 느꼈다. 나는 문을 열 수도 있고 닫아 둘 수도 있었다. 갑옷을 벗을 수도 있고 그냥 입고 있을 수도 있었다. 어느 쪽도 의무로 제시되지 않았고, 선택에 위협이나 보상이 딸려 있지도 않았다. 그래도 문을 열거나 꽉 끼는 옷을 벗는 것이 어마어마한 일인 줄은 알았다. 일생일대의 결단일 텐데 이상하게 아무런 감정도 없었다. 나는 갈망이나 두려움에 이끌린 게 아니다. 어떤 의미에서 아무것도 나를 추동하지 않았다."

루이스는 옥스퍼드의 버스 안에서 결단했다. "나는 문을 열고 갑옷을 벗고 고삐를 풀기로 선택했다. 선택했다고는 하지만 그 반대는 정말 불가능해 보였다. 그런데 또 동기는 전혀 없었다. 자유로운 행위가 아니었다고 반박할지 모르지만, 나로서는 내 과거의 거의 모든 행위보다 이것이 완벽하게 자유로운 행위에 더 가까워 보였다." 루이스의 결론은 "내 행위가 곧 나다"였다.

행위의 선택이 동기 논란을 넘어서는 순간이 있다. 동기를 의식하면 그조차도 일종의 필연이 되어 책임에서 놓여나기 때문이다. 신앙의 순간은 곧 우리의 어느 한 부분도 거기서 제외되지 않는 순간이다. 일체의 가정과 예외와 조건과 면책 조항 없이 우리의 전인이 소환된다. 진심으로 '나'라고 말할 때마다 이는 자신의 전부가 해답을 선택하고 거기에 책임져야 한다는 뜻이다.

누가 누구를 찾는 것인가?

신앙과 의미를 향한 여정은 추구의 마지막 단계인 결단의 때에 종결된다. 성찰하는 삶의 한 표현인 그것은 철저히 합리적이며 전적으로 본인의 책임이다. 하지만 지금까지 설명한 여정은 중요한 이유에서 동시에 철저히 미완이기도 하다. 일부러 내가 추구를 거의 처음부터 끝까지 구도자의 관점에서만 묘사했으나 이는 이야기의 절반에 불과하다. 앞서 언급했던 예루살렘과 아테네의 결정적 차이가 4단계에서 여지없이 터져 나온다. 그리스 방식으로 사고하는 이들은 인간 쪽의 추구로 그치며, 훌륭한 결론이든 그렇지 않든 결론도 인간의 확신일 뿐이다. 힌두교와 불교와 무신론 등 세계 철학과 종교의 대부분이 이에 해당한다. 예컨대 부처가 바라나시 사슴 공원에서 얻은 깨달음이나 버트런드 러셀이 선언한 "자유인의 신앙"은 인간의 고찰에 불과했다. 둘 다 이성에만 기초했으며, 둘 다 각자의 이성이 허용하는 결론을 한 치도 벗어나지 못했다.

유대교와 기독교에서 보는 추구는 사뭇 다르다. 이 차이는 대개 4단계에서만 드러나며 어떤 때는 다 지나고 나서야 보인다. 그 순간에 구도자가 퍼뜩 깨닫듯이, 위대한 추구란 우리만 하나님을 찾는 것이 아니라 하나님도 우리를 찾으시는 것이다. 예컨대 예수가 비유한 하나님은 잃어버린 동전을 찾는 여자, 길 잃은 양을 찾아 도처를 살피는 목자와 같다. 예수는 자신이 이 땅에 온 목적 자체가 잃어버린 자를 찾는 것이라고 말했고, 자신이 병든 자를 고쳐 주는 의사와 같다고도 했다. 성경은 수많은 작은 이야기로 직조된 하나의 길고

웅대한 이야기지만, 인간을 향한 최초의 질문—"네가 어디 있느냐"(창세기 3:9-옮긴이)—에서부터 그것은 인간이 하나님을 찾는 이야기라기보다 하나님이 인간을 찾으시는 이야기다. 생명과 의미의 근원이신 자신과의 관계를 회복하게 하시려고 그분이 지칠 줄 모르고 우리를 추적하시는 이야기다. 하나님을 아는 사람은 집에 돌아온 것이다. 예수 이후로 그것을 렘브란트보다 더 사무치게 표현한 사람은 없다. 바로 그의 명화 "탕자의 귀향"이다.

뜻밖일지 모르지만 대개 여정의 4단계에서 하나님의 임재가 처음으로 명백하고 뚜렷해진다. 이제야 우리는 추구 과정에 하나님이 쭉 함께 계셨는데 자신의 눈이 어두워 그것을 보지 못했음을 문득 깨닫는다. 초월의 신호 소리에 붙들려 추구로 떠밀린 구도자에게 그 신호는 추구의 관건이 자신이 아니라는 첫 단서였다. 그들 바깥에 무언가 아니 누군가가 있어 그들을 앞으로 이끌었다. 그 신호는 임의의 소음이 아니라 정말 신호였던 것이다. 그런데 마지막 단계에서는 그 단서가 불가항력으로 명확해지고 신호 소리가 귀청을 울릴 듯하여, 구도자는 이전에 놓쳤던 진리에 맞닥뜨리게 된다.

마치 성배를 찾아 나선 기사가 마침내 발견을 코앞에 두었는데, 왕이 직접 길을 막아서며 결투를 신청하는 것과 같다. 결투에 응할 것인가 말 것인가? 기기에 그의 기사도와 추구 전체가 걸려 있다. 이제 그는 단서를 추적할 책임 대신 이 대면에 반응할 책임이 있다. 구도자의 숙제는 길 위에 버티고 서신 하나님의 임재에 어떻게 반응하느냐 하는 것이다. 오랫동안 하나님은 구도자의 질문에 대한 답의 후보였지만, 이제 구도자가 하나님의 질문에 답해야 한다. 추구의 모든 순간에 그랬듯이, 구도자는 한 걸음 내딛어 신자로 변하는 순간에도 전심으로 임하여 온전히 책임져야 한다. 다만 이것이 그 자신만의 걸음이 아니라 훨씬 그 이상임이 이제 더없이 분명해진다.

그 깨달음은 천천히 올 수도 있고 섬광처럼 올 수도 있지만, 일단 깨닫고 나면 먼동이 트는 하늘과도 같다. 칠흑같이 어둡던 곳이 한순간 쫙 환해진다. 결단하는 구도자가 한순간 이제껏 살아오면서 알았던 그 무엇보다도 분명히 아는 사실이 있다. 삶의 다른 어떤 선택보다도 이 신앙의 걸음이야말로 철저히 본인의 책임이며, 자신이 지금보다 더 온전히 자기다웠던 적은 없었다는 것이다. 그러나 다음 순간에 그가 아는 사실이 또 있다. 어쩌면 목표인 줄로 알았던 그분이 처음부터 길잡이셨다는 것이다. 내가 하나님을 찾아냈다기보다 하나님이 나를 찾아내셨음을 그들은 안다. 이제까지 구도자는 자신이 찾는 주체인 줄로 알았으나 사실은 대상이었다. 하나님의 도움 없이는 그분을 알 수 없기 때문이다. 시인 프랜시스 톰프슨의 표현으로 "하늘의 사냥개"이신 하나님이 구도자를 줄곧 추적해 오셨다.

그와 달리 인간 쪽에서 하나님을 찾는 것을 너무 강조하면 주객이 전도된다. 우리의 추구를 그렇게 보면 C. S. 루이스의 명쾌한 표현처럼 "고양이를 찾는 쥐"와 비슷해진다. 사실 그는 "나는 하나님을 찾아 나선 경험이 없다. 오히려 그 반대였다. 그분이 사냥꾼이셨고(적어도 내게는 그렇게 보였고) 나는 사슴이었다"라고 고백했다. 결국 그것이 그를 무장시켜 주어 그는 "이 모두가 소원 성취일 뿐이라는 이후의 우려"를 물리칠 수 있었다. "소원한 적도 없는 일이 소원 성취일 리는 없으니 말이다."

어떻게 우리는 그토록 눈멀거나 미련하여 삶의 의미 추구가 나만의 일이라고 생각할 수 있었을까? 많은 사람이 위대한 추구를 시작할 때 하나님이 우리 이성에 들어맞아야 한다고 생각한다. 그나마 신이 있다면 말이다. 그들은 신앙이라는 것을 확실히 증명하여 하나님께 그분을 믿어 드리는 영광을 베풀려고 한다. 예컨대 우리는 하나님이 존재하심을 공인해 드릴 근거가 있나 보려고 철학적 증거를 탐색한다. 하지만 알고 보면 진짜 문제는 우리가 하나님을 어떻게 보느냐가 아니라 그분이 우리를 어떻게 보시느냐다. 그래서 이 마지막 단계는 우리의 교만을 낮추어 준다. 우리는 하나님 없이는 그분을 알거나 그분께 부응할 수 없다. 사고가 옹졸하고 마음이 부패한 우리의 교만한 가식은 이제야 제 분수를 깨닫는다. 정말 우리는 좁은 사고로 혼자서 실존의 신비를 풀 수 있다고 생각했단 말인가? 도덕적으로 정말 지금 이 상태의 자신에게 생명과 빛과 진리와 모든 선을 지으신 분을 만날 자격이 있다고 믿었단 말인가? 우리도 추구에서 제 몫을 해야 함은 분명한 사실이지만, 하나님 없이는 우리는 그분을 알 수 없다. 그분을 알려면 그분을 만나야만 한다.

추구의 관건이 인간의 지성과 재주라면 소크라테스와 플라톤과 아리스토텔레스와 뉴턴과 아인슈타인과 수많은 노벨상 수상자는 시작부터 나머지 우리보다 절대적으로 유리할 것이다. 하지만 그들이 아무리 똑똑해도 스스로는 하나님께 도달할 수 없으며, 인간은 누구나 다 마찬가지다. 삶의 의미에 이르는 가장 안전한 지름길은 삶과 의미를 둘 다 지으신 분을 만나는 것이다. 우리 스스로는 하나님을 알 만한 능력이 없으므로 그분이 일부러 우리에게 자신을 보여 주셨으니, 이를 계시라고 한다. 우리는 자신이 하나님을 찾는 줄로 알았지만 시종 그분이 우리를 찾으셨다. 프랑스의 위대한 백과사전 편집자이자 무신론자인 드니 디드로는 계몽주의를 한마디로 하면 **이성**이라고 즐겨 말했는데, 4단계의 구도자는 유대교와 기독교 신앙을 한마디로 하면 **은혜**라고 아주 즐거이 고백한다.

똑같은 말을 되풀이하기가 우스워 보일 정도지만, 우리 인간이 얼마나 작은지를 생각하면 이는 아주 분명한 사실이다. 우리는 스스로 하나님을 찾아낼 만큼 영리하지도 못하고, 독자적으로 그분을 알 자격이 될 만큼 선하지도 못하다. 그렇기 때문에 하나님이 자신을 계시해 주시고 우리를 구속하셔야 한다. 하지만 그보다 더 영광스러운 이유가 있다. 아브라함과 이삭과 야곱과 예수의 하나님을 만나면 곧 인격신을 만나는 것이다. 인격적 존재인 우리의 근거와 존립은 최고의 인격적 존재이신 그분께 있다. 성경에서 우리를 만나 주시는 하나님은 이교도나 그리스인의 신들처럼 추상적 관념도 아니고 해나 바다나 폭풍 같은 자연력의 투사도 아니다. 또한 범신론에서처럼 실존과 존재 자체의 다른 이름도 아니다. 우리가 인격체이듯 하나님도 인격체시다. 아니 그분이 인격체라서 우리도 인격체다. 우리가 그분의 형상과 모양대로 지어졌기 때문이다.

추구 4단계에서 이처럼 인격성의 영광이 드러난다. 구도자가 하나님과 신앙과 의미를 찾는 것보다 더 하나님이 구도자를 찾으신다. 인격체의 핵심 요소는 마음이고, 다른 인격체에게 자신을 열어 보일 자유와 책임이다. 하나님은 인격체이므로 객체가 아니라 무한히 자유로우신 주체다. 그래서 우리가 그분을 알려면 그분이 자신을 보여 주셔야 한다. 실제로 그분은 자신을 보여 주신다. 그런데 우리도 하나님의 형상대로 지어진 인격체이므로 그분은 우리를 인격체로 존중하여 우리 마음을 침범하지 않으신다. 사고와 감정과 의지 등 우리의 모든 것은 마음에서 흘러나온다. 그래서 하나님은 인간의 자유를 존중하시며 **우리가 문을 열어 드리지 않는 한** 인간의 마음에 억지로 들어오지 않으신다. 결국 신앙의 본령은 "나에게 너의 마음을 달라"는 호소다. 라파엘 전파(前派)의 화가 홀먼 헌트가 "세상의 빛"이라는 작품에 아주 담백하게 그렸듯이, 마음의 문은 바깥에 고리가 없어 안에서 열어야 한다.

자유와 책임에 더하여 관계의 상호성이 중요하다는 것은 우리의 경험으로도 분명히 알 수 있다. 예컨대 연인 관계는 둘이 만나서 이루어진다. 그런데 유독 우리는 하나님에 대해 말할 때는 그것을 망각한다. 마치 신앙의 확실성이 우리의 이성과 장황하고 복잡한 논증과 힘든 철학적 증명에 달려 있다는 듯이 말이다. 얼마나 어처구니없는가. 사실 사람끼리도 서로 알려면 피차 상대에게 자신을 알려야만 한다. 하나님과의 관계도 다르지 않다. 하나님을 알려면 우리 자신에게 솔직해야 하지만, 하나님을 만나는 일은 그분으로 시작되어 그분으로 끝난다. 우리도 그분께 자신을 열어 보이고 그분도 약속대로 우리에게 자신을 열어 보이신다. 이렇게 빚어지는 신앙은 구경꾼의 지식이나 심지어 철학자가 안락의자에서 내리는 결론과는 다르다. 이 앎은 인격체와 인격체가 만날 때 시작된다. 우리는 하나님께 헌신하고 하나님은 우리에게 헌신하신다. 경험에서 비롯한 이 앎은 믿음의 걸음으로 시작되어 신뢰와 이해로 깊어지고 마침내 우정과 사랑을 꽃피운다.

결단의 순간인 4단계에서 모든 것이 하나로 모아지면서 인간의 추구는 돌연 앎으로, 앎은 신뢰로, 앎과 신뢰는 하나님을 향한 사랑으로 피어난다. 이 모두는 우리를 찾으시고 사랑하시는 하나님을 확실히 경험할 때 가능해진다. 이전 세 단계의 추구는 이론 위주였지만 이제 이론이 실체로 변했다. 궁금하던 것이 밝혀졌고 바라던 바가 충족되었다. 참된 신앙은 마음에서 우러난 신앙이다.

바로 당신의 삶

로댕의 "생각하는 사람"이 얼마나 치열한지를 떠올려 보라. 신앙의 핵심이 사랑임을 결코 잊지 말라. 내가 설명한 추구가 너무 무미건조하게 들리지 않았기를 바란다. 처음부터 강조했듯이 이 추구는 인격적이고 실존적인 것이며 단지 논증이 아니라 모험이다. 우리의 실존 자체가 걸린 문제인 만큼 냉철한 사고 못지않게 치열한 씨름을 요한다. 나아가 4단계에서 밝혀지는 그 이상의 사실이 있다. 소환과 도전에 응하여 전인으로 하나님 앞에 서는 구도자는 전체 추구의 시작과 끝이 사랑임을 깨닫는다. 우리 인간이 자유로이 사랑할 때보다 더 자기다운 때는 없다. 사랑은 우주의 가장 강한 기운이고, 모든 인간의 중핵을 이루는 갈망이자 본분이다. 하지만 사랑은 실재일까, 아니면 도깨비불처럼 우리 앞에서 춤추지만 영 잡히지 않는 환영일까? 신앙으로 하나님을 만나면 사랑이 영광스러운 실재임을 깨닫는다. 우리는 사랑하고 사랑받도록 지어졌다. 하나님 자신—우리가 그분을 찾듯이 우리를 찾으시는 그분—이 사랑이시기에 우리의 사랑도 가능하고 또 마땅히 요구된다.

그래서 하나님을 알면, 사랑하고 사랑받는 것이 곧 신앙의 핵심이요 삶의 참된 의미임을 깨닫는다. 인간이 가장 고결하거나 자기다운 때는 우리를 지으신 하나님이 우리 모두를 사랑하시듯 우리도 그분과 사람들을 사랑할 때다. 그래서 위대한 추구가 명제와 신조로만 끝나고 신뢰와 사랑에 이르지 못하면, 그 추구는 잘못된 것이다. 명제와 신조도 중요하지만 신뢰와 사랑은 훨씬 깊다. 위대한 추구의 관건은 단지 철학이나 이론이 아니며 심지어 신앙 자체도 아니다. 지금 우리는 신앙을 믿는 신앙이나 긍정적 사고방식을 말하는 것이 아니다. 신앙에서 중요한 점은 인격성, 즉 두 인격체가 신뢰와 사랑의 관계에 들어가는 것이다. 최고의 인격적 존재이신 하나님을 알면 그분과의 관계 속에서 의미를 얻고 깊은 사랑과 충성과 자유를 누리며 살게 된다.

알베르트 아인슈타인은 "무엇이든 더 단순해질 수 없을 때까지 최대한 단순화해야 한다"라는 명언을 남겼다. 철학자인 내 친구 켄 보아가 지적했듯이 아인슈타인의 상대성 이론은 자신의 경구를 가장 잘 실천한 사례다. 이 위대한 과학자의 공식 $E=mc^2$에 그 이론이 단순명료하게 담겨 있다. 마찬가지로 내 친구가 보기에 사도 요한도 예수의 약속인 기쁜 소식을 이렇게 심오하고도 단순명료하게 요약했다. "하나님이 세상을 이처럼 사랑하사 독생자를 주셨으니 이는 그를 믿는 자마다 멸망하지 않고 영생을 얻게 하려 하심이라"(요한복음 3:16). 심오한 진리가 놀랍도록 단순하게 정리되어 있다. 이 약속은 아이라도 물장구칠 수 있을 만큼 얕지만, 위대한 지성이 풍덩 뛰어들어도 전혀 바닥에 부딪칠 우려가 없을 만큼 깊다.

무릎을 꿇을 것인가 발길을 돌릴 것인가?

위대한 추구의 여정은 끝없는 선택의 연속이다. 걸음마다 사방에 늘 기로가 있었다. 찾아 나설 것인가, 아니면 일탈과 협상의 삶에 안주할 것인가? 신호를 들을 것인가, 아니면 귀를 막고 창문 없는 동굴에 칩거할 것인가? 시간을 내서 신앙 군의 차이를 따져 볼 것인가, 아니면 그냥 전통이나 시류나 중론에 따를 것인가? 증거를 확인해 볼 것인가, 아니면 맹신할 것인가? 심지어 여정의 이 마지막 단계에서도 구도자는 무릎을 꿇거나 아니면 발길을 돌리기로 선택할 수 있다.

니체에 따르면 어떤 사상가들은 사고하다가 "위험 지점"을 만나면 당당히 맞서지 않고 권투 선수처럼 진리의 위력을 멋지게 피한다. G. K. 체스터턴과 C. S. 루이스는 사람들이 진리의 자각을 피하려고 동원하는 때로는 재미있고 대개는 모순되는 온갖 핑계와 발뺌을 기술한 바 있다. 오늘날 이 도전을 회피하는 가장 보편적인 방법은 아예 결단을 거부하는 것이다. 그러면 여정이 완전히 달라진다. 더는 의미를 향한 여정이 아니라 여정 자체에 의미가 부여된다. 도달하기보다는 희망을 품고 계속 가는 게 낫다는 것이다. 추구 자체가 보상이라고 그들은 말한다. 의미의 추구가 곧 추구의 의미가 되고, 그리하여 추구는 끝없이 계속된다.

이 지점에 아주 솔깃한 유혹이 있다. 현대인은 두 가지 어리석은 일에서 헤어나지 못하는데, 둘 다 끝이 비참하다. 한편에는 성찰하는 삶에 전혀 관심이 없는 이들이 있다. 그들은 자신이 이미 도달했거나 적어도 올 만큼은 이미 왔으므로 추구나 여정이 필요 없다고 생각한다. 다른 한편에는 끝없는 여정 자체가 자신의 치열한 생활 방식이어야 한다고 생각하는 이들이 있다. 의미라는 것이 존재한다면, 의미란 경주하는 사냥개가 쫓도록 되어 있는 모형 토끼와 같아서 결코 잡을 수 없다. 그들에게는 의미의 추구가 곧 추구의 의미다. 행복한 삶의 비결은 행복한 삶을 추구하며 사는 데 있다.

이런 사람에게 도달이란 생각할 수 없는 일이다. 그들이 정말 겁내는 것은 소비자의 궁극적 두려움인 선택의 종료이기 때문이다. 그들은 일단 하나를 선택하면 다른 대안을 다 잃고 권태의 운명을 자초할까 봐 또는 자신이 놓쳤을지도 모르는 모든 것을 영영 아쉬워할까 봐 두려워한다. 그래서 앞을 완전히 열어 놓는 것이 중요하다. 전방에 늘 다른 대안이 있을지도 모른다. 여정은 환영받는 주제지만 도착을 입에 담는 것은 불경하다. 최종 해답이란 없으며 영원한 헌신도 없다. 조금만 더 길을 가면 더 나은 일자리, 더 만족스러운 결혼, 더 멋진 집, 더 충만한 신앙이 나올지도 모른다. 그러니 왜 오늘 결단하여 내일을 닫아 버린단 말인가? 닫힌 사고야말로 소비자 사회에서 가장 질색하는 것 아닌가? 하지만 종착점이 없는 이런 끝없는 여행은 부질없는 짓이며, 결국 전설 속에 나오는 유령선의 저주처럼 끝난다. 그 배에 탄 사람들은 어디에도 입항하지 못한 채 영영 바다를 떠돌아야 했다.

"와서 보라" 하신 예수의 공개적 초대가 그보다 훨씬 낫다. 확인해 보고 선택하라. 이제까지 이 초대에 응한 모든 사람처럼 당신도 와서 최종 목적지가 집인 이 여정에 합류하라. 우리를 기다리고 계신 분은 우리의 아버지시다. 그러니 함께 가자. 신앙의 결단은 한 여정의 끝이면서 다른 여정의 시작이다. 신앙과 의미를 찾으려던 여정은 끝나지만 나머지 인생 여정이 시작된다. 구도자가 예수를 만나면 모든 추구가 끝나는 것이 아니라 가장 위대한 추구가 시작되는 셈이다. 물론 하나의 추구는 거기서 끝나지만 다른 더 깊은 추구가 시작되니, 곧 하나님을 한없이 더 깊이 알아 가는 추구다. 그것이 인간 실존의 정점이자 본령이다.

유령선의 운명과는 전혀 다른 의미에서 여기야말로 참으로 끝없는 추구의 자리다. 이 추구가 영영 끝나지 않는 이유는 대안의 가짓수가 무한하거나 어떤 것도 결정할 수 없어서가 아니라 우리의 답이 되신 그분이 무한하시고 무궁무진하시기 때문이다. 성 아우구스티누스는 하나님을 알아 간다는 의미를 이렇게 일깨워 준다. 우리는 "그분을 만난 후에도 계속 그분을 찾아야 한다." 무한하시고 무궁무진하신 그분을 알려는 평생의 추구는 "발견을 위한 추구이자 추구를 위한 발견이며, 추구할수록 발견이 더 달콤해지고 발견할수록 추구가 더 간절해진다."

"제가 여기 있나이다"

하나님이 세상 속에 계시며 침묵하지 않으시므로 우리 인간은 귀머거리 행세로 일관할 수 없다. 틀림없는 단서가 신호로 들려오는 순간들이 누구의 삶에나 있다. 그 경험이 청아한 소리로 부르면 참된 갈망이 지친 심령을 사로잡고 들쑤신다. 당신은 무엇을 동경하고 갈망하는가? 우리를 신앙의 길로 떠미는 것은 동경과 갈망이고, 누군가가 나를 부르며 무언가를 청하고 있다는 떨칠 수 없는 생각이다. 본질상 신앙이란 하나님의 집요한 질문에 대한 우리의 응답이고, 갈망과 동경의 실현이다.

그래서 결국 관건은 "네가 어디 있느냐?"라는 하나님의 질문에 우리가 어떻게 반응하느냐는 것이다. "제가 여기 있나이다"로 응답하느냐는 것이다. 누구든 신앙을 결단하여 예수를 따르려고 나서는 사람은 우리의 형제자매이자 동료 순례자로서 먼 귀향길을 함께 간다. 위대한 추구의 대미를 장식하는 신앙은 발견처럼 보일 수 있으나 사실은 회복이다. 유랑하다가 집으로 돌아오는 것이다. 부르심이지만 사실은 소환이다.

신앙을 향한 여정 곧 의미의 추구는 그 순간 종결되지만, 구도자였다가 예수를 따라 먼 귀향길에 오른 사람은 이제 시작일 뿐이다. 예수의 길이란 우리가 그분의 부르심을 따라 멀고 굽이진 인생길을 간다는 뜻이다. 그분과 동행하는 그 길의 끝에서 모든 지친 심령과 생각은 쉴 곳을 찾고 안도하며 기뻐한다. 하나님을 믿는 신앙 덕분에 삶이 그분의 부르심에 대한 응답으로 바뀌면, 이제 죽음은 문턱에 불과하다. 이생이 끝나면 우리는 아버지 집으로 간다. 직업에서 은퇴해도 부르심에는 은퇴가 없다. 죽음을 통해 열리는 곳은 바로 예수가 먼저 예비하러 간다고 했던 그곳이다(요한복 14:2-3-옮긴이). 거기 우리집에 아버지가 사시며, 그때는 인생의 추구가 끝나고 천국 집의 기쁨만 남는다.

성 아우구스티누스의 비할 데 없는 회고록인 『고백록』에 이 위대한 추구가 요약되어 있다. 만물의 본분과 이치가 있어 불은 항상 위로 타오르고 돌은 항상 아래로 떨어진다. 마찬가지로 인간의 지친 심령은 끊임없는 갈망 덕분에 안식에 이를 수 있다. 그래서 아우구스티누스의 유명한 기도가 나왔다. "주께서 주님을 위하여 우리를 지으셨으니 우리 마음은 주님 안에서 안식하기까지 쉼을 모릅니다."

"와서 보라." "나를 따르라." 초대는 지금도 유효하다. 와서 삶을 성찰하며 위대한 추구에 나서라. 함께 먼 귀향길에 오르자. 그분의 약속을 믿고 우리 마음의 본향이신 그분께로 돌아오는 모든 사람을 아버지께서 기다리고 계신다.

인명 찾아보기

고갱, 폴 Paul Gauguin 79-80
고타마, 싯다르타 Siddhartha Gautama 57, 61, 83-84, 133, 150
괴테, 요한 볼프강 폰 Johann Wolfgang von Goethe 32
기어츠, 클리퍼드 Clifford Geertz 29

노벨, 알프레드 Alfred Nobel 84
녹스, 로널드 Ronald Knox 110
니체, 프리드리히 Friedrich Nietzsche 26, 35, 112, 160

다윈, 찰스 Charles Darwin 106, 126
단테, 알리기에리 Alighieri Dante 37, 145
달리, 살바도르 Salvador Dali 18-20, 94
던, 존 John Donne 52
도스토옙스키, 표도르 Fyodor Dostoevsky 90
도킨스, 리처드 Richard Dawkins 115, 144
뒤샹, 마르셀 Marcel Duchamp 113
드러커, 피터 Peter Drucker 54
디드로, 드니 Denis Diderot 154

러셀, 버트런드 Bertrand Russell 14, 23, 36, 48, 59, 150
로댕, 오귀스트 Auguste Rodin 52, 157
로스, 필립 Philip Roth 16, 25
루이스 C. S. Lewis 15, 35, 93, 104, 131-134, 142, 143, 148-149
르원틴, 리처드 Richard Lewontin 126

말로, 크리스토퍼 Christopher Marlowe 32
맥길크리스트, 이언 Iain McGilchrist 107
머거리지, 맬컴 Malcolm Muggeridge 36, 65-67, 75, 83
메를로 퐁티, 모리스 Maurice Merleau-Ponty 104

버거, 피터 Peter Berger 87-88, 91-92
버니언, 존 John Bunyan 37
배유, 시몬 Simone Weil 147
베이컨, 프랜시스 Francis Bacon 45, 62, 112-113
보아, 켄 Ken Boa 159
브랜도, 말런 Marlon Brando 62
브룩스, 데이비드 David Brooks 85
블레이크, 윌리엄 William Blake 91
비트겐슈타인, 루트비히 Ludwig Wittgenstein 52, 114

사르트르, 장-폴 Jean-Paul Sartre 35, 76
세르반테스, 미겔 데 Miguel de Cervantes 37
셰익스피어, 윌리엄 William Shakespeare 55
소크라테스 Socrates 22, 29, 38, 40, 68, 154
솔제니친, 알렉산드르 Aleksandr Solzhenitsyn 84, 86
슈타이너, 조지 George Steiner 80

아널드, 매슈 Matthew Arnold 12, 42
애덤스, 더글러스 Douglas Adams 23
아르키메데스 Archimedes 91
아우구스티누스 Augustinus 84, 135, 143, 144, 162, 164
아인슈타인, 알베르트 Albert Einstein 49, 106, 154, 159
에이어 A. J. Ayer 36, 59
예이츠, 윌리엄 버틀러 William Butler Yeats 113
오닐, 유진 Eugene O'Neill 114
오든 W. H. Auden 93
오르테가 이 가세트, 호세 Jose Ortega y Gasset 114
워즈워스, 윌리엄 William Wordsworth 91
위버, 리처드 Richard Weaver 116
융, 카를 구스타프 Carl Gustav Jung 14, 29
입센, 헨리크 Henrik Ibsen 81

자코메티, 알베르토 Alberto Giacometti 90-91

존슨, 폴 Paul Johnson 55

체스터턴 G. K. Chesterton 35, 92, 124, 128-131, 135, 143, 160
초서, 제프리 Geoffrey Chaucer 37

카뮈, 알베르 Albert Camus 26, 35
칸트, 이마누엘 Immanuel Kant 79
케루악, 잭 Jack Kerouac 37
코와코프스키, 레셰크 Leszek Kołakowski 114
콘래드, 조지프 Joseph Conrad 37
콜리지, 새뮤얼 테일러 Samuel Taylor Coleridge 145
쾨슬러, 아서 Arthur Koestler 74-75, 137

톨스토이, 레오 Leo Tolstoy 25, 30, 84
트웨인, 마크 Mark Twain 37

파스칼, 블레즈 Blaise Pascal 30-31, 35, 50, 106, 130, 143
프랭클, 빅터 Viktor Frankl 26, 130
플라톤 Plato 12, 57, 67, 81, 106, 154

하이네, 하인리히 Heinrich Heine 16
핸디, 찰스 Charles Handy 85
헉슬리, 올더스 Aldous Huxley 81
헌트, 홀먼 Holman Hunt 156
헤세, 헤르만 Herman Hesse 37
헤셸, 아브라함 요수아 Abraham Joshua Heschel 19-20, 50, 52, 55, 89, 91
호메로스 Homeros 37
히친스, 크리스토퍼 Christopher Hitchens 59

옮긴이 윤종석은 서강대 영어영문학과를 졸업했으며, 미국 골든게이트 침례 신학교에서 교육학(M.A.)을, 트리니티 복음주의 신학교에서 상담학(M.A.)을 공부했다. 옮긴 책으로는 『놀라운 하나님의 은혜?』『하나님의 음성』『교회, 나의 고민 나의 사랑』『길 위에서 하나님을 만나다』『작아서 아름다운』『용서: 은혜를 시험하는 자리』(이상 IVP), 『예수님처럼』『하나님의 모략』(이상 복있는사람), 『팀 켈러의 내가 만든 신』(두란노) 등이 있다.

나는 무엇을 위해 사는가

초판 발행 2024년 12월 10일
초판 2쇄 2025년 2월 5일

지은이 오스 기니스
옮긴이 윤종석
펴낸이 정모세

편집 이종연 이성민 이혜영 심혜인 설요한 양지영 박예찬
디자인 한현아 서린나 | 마케팅 오인표 | 영업·제작 정성운 이은주 조수영
경영지원 이혜선 이은희 | 물류 박세율 김대훈 정용탁

펴낸곳 한국기독학생회출판부
등록번호 제2001-000198호(1978.6.1)
주소 04031 서울시 마포구 동교로 156-10
대표 전화 (02) 337-2257 | 팩스 (02) 337-2258
영업 전화 (02) 338-2282 | 팩스 080-915-1515
홈페이지 http://www.ivp.co.kr | 이메일 ivp@ivp.co.kr
ISBN 978-89-328-2308-9

ⓒ 한국기독학생회출판부 2024

책값은 뒤표지에 있습니다.
무단 전재와 복제를 금합니다.